100
Rezepte

ARTULEN VERLAG
Jean-Luc Bucher
9, rue de la Pierre Polie
67550 Vendenheim
FRANKREICH

Telefon: +33 (0) 6 58 79 16 86
E-Mail: post@artulen-verlag.de
Internet: www.artulen-verlag.de

Fünfte deutsche Auflage 2021

Projektleitung: Angela Gerlt
Grafik und Layout: Claude-Olivier Four
Coverlayout: Angela Gerlt
Covergestaltung: Ulrich Siefert
Fotos: Bernard Radvaner
Styling: Anne-Sophie Lhomme

Übersetzung: Angela Gerlt, Monika Kiefer
Lektorat: Angela Gerlt, Monika Kiefer
Satz: Iris Ehret, Ulrich Siefert
Druck: Westermann Druck, Zwickau
Gedruckt auf umweltfreundlichem Papier

ISBN 978-3-930989-20-1

MONTIGNAC

100 Rezepte

◢ Artulen

INHALT

Einführung   8

DIE METHODE MONTIGNAC   11
Warum nehmen wir zu?   13
Ernährungs-Prinzipien der Methode Montignac   24
Grundsätze der Montignac Küche   28

MENÜS FÜR JEDEN TAG   33
Menüs für zwei Monate   34
Menüs speziell für die Frau   53

REZEPTTEIL   57

VORSPEISEN
  Kalte Vorspeisen
  Avocado-Krabben-Cremesuppe   60
  Gurkencremesuppe mit Garnelen   62
  Avocadosuppe (V)   64
  Brokkolisuppe   66
  Frische Gurkensuppe mit Apfel (V)   68
  Mozzarella-Tomaten (V)   70
  Avocado mit Thunfischfüllung   72
  Chicorée mit Roquefort (V)   74
  Gurke mit Sardellen   74
  Tortilla mit Thunfisch   75
  Grüne-Linsen-Terrine   76
  Gänseleber-Terrine   78
  Entenbrust-Tatar   80
  Thunfisch-Tatar à l'aioli   82
  Lachs in Dillmarinade   84

Salate

Feinschmecker-Salat	86
Spinatsalat Sevilla (V)	87
Quinoa-Taboulé (V)	88
Thunfisch-Salat	90
Ziegenkäsecreme auf Rucola (V)	92
Lauch in Vinaigrette (V)	94
Spaghetti-Salat mit Muscheln	96
Gourmet-Salat	97

Warme Vorspeisen

Zucchini-Schnitten (V)	98
Tomaten mit Ziegenkäsefüllung (V)	100
Gefüllte Paprika mit Schafskäse (V)	102
Zucchini-Gratin griechischer Art (V)	104
Quinoa provenzalischer Art (V)	106
Lauchquiche	108
Zwiebelkuchen (V)	110

HAUPTGERICHTE

Meeresfrüchte

Langusten auf Lauchgemüse	114
Jakobsmuschel-Timbale	116
Marinierte Scampi	118
Garnelen-Gratin	120
Jakobsmuscheln auf Schalotten	122
Tintenfisch provenzalischer Art	124
Jakobsmuscheln mit Champignons	126
Zucchini mit Krabbenfüllung	128

Fisch

Bouillabaisse Atlantik	129
Thunfischfilet mit Ingwer	130
Meerbarbenfilet	132
Lachsfilet mit Olivencreme	134
Lachs-Tatar mit Ziegenfrischkäse	136
Dorade andalusische Art	138
Seeteufel mit Champignons in Rotwein	139
Thunfischfilet mit Tomaten	140
Lachsfilet auf Lauchbett	142
Thunfisch mit Tomaten und Oliven	144
Kabeljau mit Brokkoli	146

Forelle in Weißwein	148
Seebarsch mit Fenchel	150
Seeteufel auf Spinat	152
Thunfisch-Lachs-Spieße	153

Geflügel

Gänseleber mit Muskattrauben	154
Hähnchen mit Apfel	156
Geflügelleber mit Ingwer	158
Hühnerbrustfilet in Curry	160
Geflügelbrustfilet mit Parmesan	162
Geflügelleber provenzalisch	164
Hähnchen mit Pastis und Fenchel	166
Enten-Confit mit Äpfeln	168

Fleisch

Auberginenscheiben überbacken	170
Gefüllte Champignons	172
Kalbsschnitzel mit Paprika	174
Auberginen-Gratin mit Speckstreifen	176
Chicorée-Schinken-Gratin	178
Entrecote in Rotwein	180
Schweinekotelett auf grünen Linsen	182
Schweinefilet-Spieße mit Backpflaumen	184
Rinderfilet auf Schalottenbett	186
Rindergeschnetzeltes rustikal	188
Lammkarree mit Champignons	190

Eiergerichte

Piperade baskischer Art	191
Auberginen-Omelett (V)	192
Gemüse-Tortilla mit Chorizo	194
Omelett andalusisch (V)	196

Vegetarisch

Gefüllte Auberginen à la Provence (V)	198
Paprika gefüllt mit Basmatireis (V)	200
Tofu-Spieße (V)	202
Chili vegetarisch (V)	204
Tomaten mit Tofu-Gemüsefüllung (V)	206
Tofu mit grünen Linsen (V)	208

Beilagen
Ratatouille (V)   210
Gemüse-Gratin provenzalisch (V)   212
Zuckererbsenschoten mit Speckwürfeln   214

Saucen
Tomatensauce Bolognese   216
Tomatensauce mit Basilikum (V)   218
Tapenade provenzalisch   220

DESSERTS
Pfirsichpudding (V)   224
Schokoladenkuchen (V)   226
Mousse au Chocolat (V)   228
Bayerische Creme mit roten Beeren   230
Käsekuchen Korsika (V)   232
Fruchtkompott (V)   233
Pflaumen-Mousse (V)   234
Schokoladen-Parfait mit Himbeeren (V)   236
Frucht-Zabaione (V)   238
Käsekuchen (V)   240
Früchtekuchen (V)   242
Himbeer-Clafoutis (V)   244
Pfirsich-Weißwein-Kaltschale (V)   246
Aprikosenkuchen (V)   248
Nektarinenkuchen mit Mandeln (V)   250

Rezepte nach Zutaten   252

(V) Diese Rezepte eignen sich hervorragend zur
vegetarischen Ernährung.

In den Rezepten entspricht
1 Teelöffel 5 ml und 1 Esslöffel 15 ml.

Einführung

Dieses Buch richtet sich an alle, die ihre Ernährungsgewohnheiten dauerhaft verbessern möchten.

Sämtliche Rezepte lassen sich einfach nachkochen und sind auf die weltweit bewährte Montignac-Methode abgestimmt. Sie bieten vielfältige Anregungen, um die gesundheitsfördernde Ernährungsphilosophie praktisch umzusetzen.

Montignacs Vorliebe für die mediterrane, vor allem die provenzalische Küche lässt die Freude am Essen und Genießen im Vordergrund stehen.

Wissenschaftliche Studien, insbesondere von Prof. Dumesnil[1], beweisen, dass sich Montignacs Ernährungskonzept hervorragend eignet, um abzunehmen und Fettleibigkeit, Diabetes Typ 2 und Herz-Kreislauf-Erkrankungen vorzubeugen.

Im ersten Teil des Buches werden die Prinzipien der Montignac-Methode kurz erläutert.

Der zweite Teil des Buches enthält Menüvorschläge für 8 Wochen sowie hilfreiche Tipps für die Zubereitung der Gerichte, die die tägliche Rezeptauswahl erleichtern.

Im dritten Teil finden Sie die reich bebilderten leckeren Rezepte des Erfolgsautors Michel Montignac.

Viel Vergnügen beim Zubereiten und Genießen der Gerichte.

1. Dumesnil J.G. et al, "Effect of a low glycemic index, low-fat, high-protein diet (Montignac) on the atherogenic metabolic risk profile of abdominally obese men" in *British Journal of Nutrition*, November 2001.

DIE METHODE
MONTIGNAC

Die Montignac-Methode ist keine Diät im herkömmlichen Sinn, sondern vielmehr eine Ernährungsphilosophie – ein wahrer Lebensstil – mit dem Ziel, die Gesundheit zu verbessern. Es werden keine Kalorien gezählt oder reduziert und man kann sich satt essen.

Aber das Beste ist, dass man damit abnehmen oder sein ideales Körpergewicht halten kann. Wichtig dabei ist die Auswahl möglichst frischer, naturbelassener ballaststoffreicher Lebensmittel.

oignons
tomates
navets
poireaux
champignons

WARUM
NEHMEN WIR ZU?

Wir leben in einer Zeit der Widersprüche! Auf der einen Seite erhöht sich die Lebenserwartung, auf der anderen Seite verschlechtert sich die Gesundheit. Hierfür gibt es zwei Gründe.

Der erste ist genetischer Art, denn früher überlebten nur die widerstandsfähigsten Lebewesen. Heutzutage sind die Menschen durch die fortschrittliche Medizin zwar fähig länger zu leben, werden aber auch immer anfälliger für Krankheiten.

Der zweite Grund, warum viele Menschen heute in einer eher schlechten gesundheitlichen Verfassung sind, ist die Qualität unserer Nahrungsmittel, die seit 50 Jahren durch die Industrialisierung ständig abnimmt, und das veränderte Essverhalten.

Der weltweit enorm zunehmende Anstieg von Übergewicht, Diabetes Typ 2 und Herz-Kreislauf-Erkrankungen der letzten Jahrzehnte ist eine Folge davon.

Die globale Fettleibigkeits-Epidemie

1997 entschloss sich die WHO (Weltgesundheitsorganisation) Alarm zu schlagen und bezeichnete die weltweite Zunahme von Fettleibigkeit sogar als Epidemie.

Rückblickend stellt man fest, dass bis zum Jahr 1910 die Fettleibigkeitsrate jahrhundertelang nahezu überall gleich war. Sie betrug 3 % in Amerika und Deutschland sowie 2 % im übrigen Europa.

25 Jahre später hatte sich jedoch der Anteil Fettleibiger fast in allen Ländern verdoppelt, in Amerika sogar verdreifacht. Nach dem Zweiten Weltkrieg spitzte sich die Entwicklung vor allem in den Vereinigten Staaten zu; hier lag die Fettleibigkeitsrate bereits bei 16 %.

Die Alarmierung durch die WHO scheint nichts geändert zu haben. Denn zehn Jahre später, im Jahre 2007, hat sich die Lage dramatisch verschlechtert.

In Amerika sind inzwischen 36 % der Bevölkerung fettleibig und in Frankreich liegt die Rate nach einer offiziellen Untersuchung im September 2006 bei 12,4 % – eine Erhöhung um 46 % in zehn Jahren!

FETTLEIBIGKEITSRATEN IM JAHRE 1997 (WHO)

- Amerika: 33 %
- Deutschland: 22 %
- Indien: 20 %
- Großbritannien: 16 %
- Spanien: 9 %
- Frankreich: 8,5 %

ÜBERGEWICHT BEI KINDERN UND JUGENDLICHEN

Die Fettleibigkeit der jungen Generation ist noch besorgniserregender. Die kindliche Fettleibigkeitsrate ist in den vergangenen zehn Jahren in Frankreich um 22 % gestiegen, in Großbritannien um 49 % und in den Vereinigten Staaten um 60 %. Aber auch – was erstaunlich ist – um 53 % in Japan, 75 % in Singapur und 250 % in China.

Wie konnte das geschehen?

Was wurde von den Gesundheitsbehörden dieser Länder unternommen, um die Entwicklung aufzuhalten?

Offizielle Ernährungsempfehlungen

Seit einem halben Jahrhundert gibt es offizielle Ernährungsempfehlungen. Diese wurden zunächst in den Vereinigten Staaten in den dreißiger Jahren angewandt, ehe sie weltweit übernommen wurden.
Sie basieren auf der Annahme, dass die Menschen aus zwei Gründen immer dicker werden:
• Sie essen zu viel (Kalorien), insbesondere zu viel Fett
• Sie bewegen sich zu wenig und verbrauchen dadurch weniger Kalorien als sie aufnehmen.

Daraus ergibt sich ein Ungleichgewicht zwischen Energieaufnahme und Energieverbrauch.

Aufgrund dieser Theorie wurde Folgendes empfohlen:
• weniger essen (Kalorien), um die Gewichtszunahme zu verhindern;
• Durchführung einer kalorienarmen Diät, um abzunehmen.
In beiden Fällen wurde zusätzlich aufgefordert, mehr Sport zu treiben.

Dies hat man befolgt – nicht nur in den Vereinigten Staaten – wo sich jeder Dritte dauerhaft kalorien- und fettarm ernährt, auch in anderen Ländern. Insbesondere in Europa wollte man damit die Gewichtszunahme, vor allem die steigende Fettleibigkeit begrenzen.

Aber nach nunmehr 50 Jahren offizieller Theorie des Energiegleichgewichts hat sich die Fettleibigkeitsrate vervierfacht.

Es ist also dringend notwendig über die Wirksamkeit dieser Theorie nachzudenken.

Widersprüche der offiziellen Ernährungsempfehlungen

Seit etwa 20 Jahren geben zahlreiche epidemische Studien Anlass zur kritischen Betrachtung der Wirksamkeit offizieller Ernährungsempfehlungen. Denn zahlreiche Widersprüche sind offensichtlich.

1. Die tägliche durchschnittliche Energie- bzw. Kalorienaufnahme ist in den Industrieländern seit einem halben Jahrhundert um 30–35 % gesunken.
Paradoxerweise ist die Fettleibigkeitsrate im selben Zeitraum um mehr als 300 % gestiegen.

2. Fettleibige essen nicht mehr als Normalgewichtige.
Das Gegenteil ist der Fall. Professor Creffs Statistiken zeigen, dass 51 % der Fettleibigen weniger – sogar viel weniger essen.

3. Fettleibige haben keinen geringeren Grund-Energieverbrauch.
Entgegen der allgemeinen Annahme hat der Fettleibige aufgrund seiner Körpermasse sogar einen höheren Grund-Energieverbrauch als eine Person gleicher Größe und gleichen Alters.

4. Trotz körperlicher Betätigung sind viele Menschen fettleibig.
Bauern, Handwerker und Arbeiter in den westlichen Ländern sind dicker als Menschen, die im Büro arbeiten.
In Russland zum Beispiel sind 56 % der über 30-jährigen Frauen fettleibig, obwohl ihre tägliche Kalorienaufnahme mit etwa 1500 kcal niedrig ist und die Mehrzahl körperlich arbeitet.

5. Arme sind meist dicker und stärker fettleibig, obwohl sie nicht mehr essen als der Durchschnitt.
Dies ist in allen westlichen Ländern, insbesondere in Amerika der Fall. Andererseits sind die Menschen umso schlanker je wohlhabender sie sind.

6. Zahlreiche Entwicklungsländer haben alarmierende Fettleibigkeits- und Diabetesraten.
Dies ist in Indien der Fall – hier sind mehr als 20 % der Bevölkerung fettleibig, obwohl sie nicht mehr essen als früher.

FAZIT

Es gibt keine tatsächliche Wechselbeziehung zwischen der Menge der aufgenommenen durchschnittlichen täglichen Kalorien einer bestimmten Bevölkerungsgruppe und deren Körperfülle. Mit anderen Worten: Der Faktor Energiezufuhr ist für die Gewichtszunahme nicht entscheidend.

Ernährungswert von Nahrungsmitteln

Es erweist sich als falsch, von einem Gleichgewicht zwischen Energiezufuhr und Energieverbrauch auszugehen.

Anzunehmen, alle berechneten Kalorien hätten denselben Energiewert und würden dem Organismus nach der Verdauung automatisch zur Verfügung stehen, ist ein grober Fehler.

Aufgrund derzeitiger Erkenntnisse der Nahrungsverdauung und der sich daraus ergebenden Stoffwechselmechanismen, weiß man heute wie die Abläufe tatsächlich funktionieren.

Nicht die **Menge** (Kalorien) sondern die **Qualität** eines Nahrungsmittels, bestimmt die **Stoffwechselprozesse**.

Der Ernährungswert eines Nahrungsmittels wird durch folgende Kriterien bestimmt.

- Den **Nährstoffgehalt:**
  - Makronährstoffe
    (Kohlenhydrate, Eiweiß, Fett)
  - Mikronährstoffe
    (Vitamine, Mineralien, Spurenelemente)
  - Ballaststoffe
- die **Darmaufnahme**, die die Verfügbarkeit der Nährstoffe im Organismus bestimmt
- die **Stoffwechselwirkung**, die den Blutzucker- und Insulinspiegel sowie die Fettverbrennung beeinflusst.

200 kcal Kartoffeln und 200 kcal Linsen sind nicht gleichwertig

Für einen traditionellen Ernährungswissen-schaftler sind eine Portion Kartoffeln (285 g/200 Kilokalorien) und eine Portion gekochte Linsen (230 g/200 Kilokalorien) gleich, selbst wenn das Gewicht der Linsen etwas geringer ist, da Kartoffeln und Linsen überwiegend aus Kohlen-hydraten, ja sogar aus komplexen Kohlenhydraten bestehen.

Denn er nimmt an, dass diese zwei Portionen nach der herkömmlichen Ernährungslehre austauschbar sind, da der Kaloriengehalt der Kohlenhydrate gleich ist – hier 200 kcal.

Die verdauungstechnische Wirklichkeit sieht jedoch ganz anders aus.

Verzehr von 200 kcal Kartoffeln

Aufgrund der Stärkebeschaffenheit von Kartoffeln (hoher Anteil Amylopektin/ geringer Anteil Amylose) wird diese zu etwa 80 % durch die Verdauungsenzyme verdaut.
Das bedeutet, dass 80 % der 200 kcal Stärke in Glukose umgewandelt werden, die die Darmschranke durchquert und so ins Blut gelangt.

Nüchtern beträgt der Blutzuckergehalt etwa 1 g Glukose (Blutzucker) pro Liter Blut. Werden Kohlenhydrate aufgenom-men, gelangen diese, nachdem sie in

Glukose umgewandelt wurden, ins Blut.
Der Blutzuckerspiegel steigt und Insulin
wird ausgeschüttet, um den Blutzucker
wieder zu senken.
Die Glukose wird in der Leber und im
Muskelgewebe in Form von Glykogen
gespeichert, um bei Bedarf als Energie
genutzt werden zu können.

Bei Kartoffeln führt die Verdauung von
200 kcal Stärke zu einer starken
Erhöhung des Blutzuckerspiegels,
gefolgt von einer starken Insulinausschüttung. Wurden 80 % Stärke in
Glukose umgewandelt, so kann man
davon ausgehen, dass 160 kcal (in
Bezug auf Energie) im Organismus
verfügbar sind, im Gegensatz zu den
200 kcal auf dem Teller.

Verzehr von 200 kcal Linsen

Aufgrund der Stärkebeschaffenheit von
Linsen (geringer Anteil Amylopektin/hoher
Anteil an Amylose) werden diese zu etwa
20 % durch die Verdauungsenzyme
verdaut. Das bedeutet, dass nur 20 % der
200 kcal in Glukose umgewandelt werden,
die die Darmschranke durchquert und so
ins Blut gelangt.

Die Folge ist eine schwache Erhöhung des
Blutzuckerspiegels und dadurch eine sehr
geringe Insulinabsonderung.

Dadurch, dass nur 20 % der Stärke vom
Organismus aufgenommen werden, kann
man davon ausgehen, dass nur 40 kcal

Energie im Organismus verfügbar sind, im
Gegensatz zu 200 kcal auf dem Teller.

Nach dem Verzehr von Linsen ist die im
Organismus tatsächlich verfügbare
Energie viermal niedriger als beim iden-
tischen Kalorienverzehr von Kartoffeln.

Die Kalorien eines Nahrungsmittels sind
also nicht unbedingt identisch mit denen,
die dem Organismus nach der Verdauung
tatsächlich zur Verfügung stehen. Bei
vergleichbaren Nahrungsmitteln kann der
Unterschied das Ein- bis Vierfache sein.

Zwei Kohlenhydrate
sind nicht austauschbar

Die Stoffwechselantworten auf den Verzehr
von zwei identischen Kalorienportionen wie
Kartoffeln und Linsen sind verschieden.

Bei den Kartoffeln sind sie sehr stark und bei den Linsen sehr schwach.

So unterschiedlich wie diese Stoffwechsel-antworten sind auch die Auswirkungen auf die Gewichtszu- oder -abnahme.

Der Verzehr der Kartoffeln bewirkt durch eine starke Erhöhung des Blutzucker-spiegels eine entsprechend hohe Insulin-ausschüttung. Die überschüssige Glukose wird in Fett umgewandelt und führt so zur Gewichtszunahme. Werden zudem mit derselben Mahlzeit Fette verzehrt, könnte ein Teil dieser Fettsäuren ebenfalls als Fettreserve im Gewebe gespeichert werden.

Das Beispiel der Linsen zeigt, dass die Blutzuckererhöhung viermal niedriger ist als bei den Kartoffeln – gerade ausreichend, um den Glykogenbedarf des Körpers zu decken.

Die Insulinantwort ist sogar so gering, dass die Glukose und eventuell vorhandene Fettsäuren nicht zu einer Speicherung im Fettgewebe führen, da diese vom Organismus als Energie genutzt werden.

Reichen die vorhandenen Fettsäuren nicht zur Grund-Energieversorgung aus, gewinnt der Organismus zusätzliche Energie aus dem Fettgewebe. Dies bewirkt eine Gewichtsabnahme.

Der Verzehr von Kartoffeln kann zu Überzuckerung (Hyperglykämie) und stark erhöhtem Insulinspiegel (Hyperinsulinismus) führen.

Dies bewirkt ein unzureichendes Sättigungsgefühl und eine eventuelle **Unterzuckerung** (reaktionelle Hypoglykämie) nach etwa zwei Stunden. Deren Hauptsymptome sind Müdigkeit, Konzentrationsschwäche und Hunger. Daraus folgt die Versuchung zwischen den Mahlzeiten zu naschen.

Die Linsen hingegen führen zu einer hervorragenden Sättigung, die bis zur nächsten Mahlzeit anhält. Es besteht aufgrund der schwachen Insulinausschüttung kein Risiko der Unterzuckerung.

Abschließend kann man entgegen der bisherigen Annahme sagen, dass zwei Kohlenhydrate nicht austauschbar sind.

Je schlechter eine Stärke verdaulich ist (Bioverfügbarkeit) und je höher der Ballaststoffanteil, umso schwächer ist die Wirkung auf den Blutzuckerspiegel und umso höher der Sättigungsgrad.

Zudem ist das Risiko zuzunehmen gering, selbst wenn mit der Mahlzeit Fette verzehrt werden.

Deshalb wird empfohlen, Kohlenhydrate von nun an nach der Blutzucker beeinflussenden Wirkung – dem glykämischen Index (GI/GLYX) auszuwählen.

LANGSAME ZUCKER UND SCHNELLE ZUCKER – EIN FALSCHES KONZEPT!

Lange Zeit teilten Ernährungswissenschaftler Kohlenhydrate in zwei Kategorien: einfache Kohlenhydrate (schnell aufgenommene Zucker) und komplexe Kohlenhydrate (langsam aufgenommene Zucker).

Seit mehr als 20 Jahren ist jedoch bewiesen, dass diese Klassifizierung unzutreffend ist. Experimente haben gezeigt, dass alle Kohlenhydrate, einfach oder komplex, im selben Zeitraum (innerhalb einer halben Stunde) vom Körper absorbiert werden. Die Verdauungsgeschwindigkeit wurde fälschlicherweise mit der Absorptionsgeschwindigkeit verwechselt.

Der glykämische Index (GI/GLYX)

Kohlenhydrate werden heutzutage nach ihrer blutzuckersteigernden Wirkung – dem glykämischen Index – eingeteilt.

Ernährungswissenschaftler haben verschiedene Kohlenhydrate hinsichtlich ihrer blutzuckersteigernden Wirkung untersucht und mit Glukose verglichen. Dabei wurde reiner Glukose (100 % bioverfügbar) der Wert 100 zugeordnet. Um die blutzuckersteigernde Wirkung von Kohlenhydraten miteinander vergleichen zu können, wurden sie mit einem entsprechenden glykämischen Index bewertet.

Bratkartoffeln zum Beispiel haben einen glykämischen Index von 95, während Linsen nur einen Index von 30 haben.

Nahrungsmittel mit hohem glykämischem Index sind meist raffiniert, das heißt industriell bearbeitet. Dabei handelt es sich hauptsächlich um Lebensmittel, die erst seit weniger als zwei Jahrhunderten verzehrt werden, zum Beispiel Kartoffeln, Weißmehl oder Zucker und vor allem deren industriell hergestellten Produkte.

Es ist auffällig, dass Nahrungsmittel mit hohem glykämischem Index jene sind, die heute in den meisten westlichen Ländern bevorzugt verzehrt werden. Im Rahmen der Globalisierung der Ernährungsgewohnheiten hielten diese Nahrungsmittel auch in viele andere Länder Einzug.

Kohlenhydrate mit niedrigem glykämischem Index hingegen zählten noch vor fünfzig Jahren zu den Hauptnahrungsmitteln und werden heute

• kaum noch verzehrt:
  zum Beispiel Vollkornbrot, Vollkorngetreide, Vollkornprodukte, Naturreis …
• immer seltener verzehrt:
  zum Beispiel Linsen, Bohnen, Erbsen, Kichererbsen …
• zu wenig verzehrt:
  zum Beispiel frisches Obst, frisches Gemüse, Salat …

Die Ernährung nach der Montignac-Methode bezieht die oben aufgeführten Nahrungsmittel verstärkt in den täglichen Speiseplan ein.

Die Nahrungsmittel in der linken Spalte der Tabelle auf den Seiten 22 und 23 haben einen glykämischen Index über 50. Sie erhöhen den Blutzuckerspiegel stark und werden im Rahmen der Montignac-Methode in Phase I nicht und in Phase II nur ausnahmsweise verzehrt.

Die kohlenhydrathaltigen Nahrungsmittel in der rechten Spalte erhöhen den Blutzuckerspiegel nur mäßig.

Im Rahmen der Montignac-Methode werden bevorzugt Nahrungsmittel mit einem niedrigen glykämischen Index bis 35 ausgewählt.

Hyperinsulinismus

Die moderne Ernährungsweise bewirkt durch den Verzehr von Kohlenhydraten mit hohem glykämischen Index eine starke Blutzuckersteigerung. Dies führt auf Dauer zu Hyperinsulinismus, einer übermäßigen Ausschüttung des Stoffwechselhormons Insulin.

Wissenschaftliche Studien haben gezeigt, dass Hyperinsulinismus nicht nur für Gewichtszunahme verantwortlich ist, sondern auch einen wesentlichen Faktor für die Entwicklung von ernährungsbedingten Krankheiten wie Diabetes Typ 2, Bluthochdruck, Herz-Kreislauf-Erkrankungen, Cholesterinspiegel- und Triglyzeridspiegel-Erhöhung darstellt.

HOHER BLUTZUCKERSPIEGEL BEWIRKT GEWICHTSZUNAHME

In Anbetracht der veränderten Lebensbedingungen benötigt der heutige moderne Mensch nur noch wenig Glukose.

Paradoxerweise nimmt er aber durch kohlenhydratreiche Ernährung wesentlich mehr Glukose zu sich als seine Vorfahren – vor allem durch Kohlenhydrate mit hohem glykämischem Index.

Die überschüssige aufgenommene Glukose wird anschließend in Fett umgewandelt und führt so zu einer Gewichtszunahme.

Kohlenhydrate mit hohem glykämischem Index (GI über 50)

Maltose (Bier)	110	Schokoladenriegel	70
Glukose	100	Salzkartoffeln	70
Kartoffelgratin, Bratkartoffeln	95	Colagetränke, Limonade	70
Pommes frites	95	Croissant	70
Reismehl	95	Kekse	70
Modifizierte Stärke	95	Maismehl	70
Kartoffelpüree (Instantflocken)	90	Schnellkochreis, körnig gekocht	70
Honig	85	Teigwaren, Nudeln, Ravioli (Weißmehl)	70
Weißbrot, Hamburgerbrötchen	85	Esskastanie	65
Cornflakes, Popcorn	85	Rosinen	65
Puffreis, Puffweizen (z. B. Cerealien), gezuckert	85	Graubrot (Mehl Type 805)	65
Kartoffelpüree, selbst zubereitet	80	Pellkartoffeln	65
Milchreis	75	Rote Bete, gekocht	65
Berliner, Donuts, Krapfen	75	Konfitüre, gezuckert	65
Kürbis	75	Grieß (Hartweizen)	60
Wassermelone	75	Reis, Langkorn	60
Chips	70	Banane	60
Zucker, weiß (Saccharose)	70	Melone	60
Baguette (Weißbrot)	70	Spaghetti, weiß, normale Kochzeit	55
Getreideflocken, gezuckert	70	Sandgebäck	55

Kohlenhydrate mit niedrigem glykämischem Index (GI bis 50)

Naturreis, Basmatireis	50		Bohnen, weiß, getrocknet	35
Süßkartoffeln	50		Linsen, braun, gelb, rot, getrocknet	30
Vollkornnudeln	50		Kichererbsen	30
Roggenvollkornbrot	45		Milch	30
Erbsen (Dose)	45		Karotten, roh	30
Spaghetti al dente (max. 5 Min. gekocht)	40		Apfel, Birne, Orange, Aprikosen, frisch	30
Vollkorngetreideflocken ohne Zucker	40		Busch-, Stangenbohnen, grün	30
Haferflocken	40		Glasnudeln aus Soja- oder Mungobohnen	30
Fruchtsaft, frisch gepresst, ohne Zucker	40		Fruchtaufstrich ohne Zuckerzusatz	30
Milchzucker	40		Linsen, grün	25
Pumpernickel	40		Flageoletbohnen	25
100%iges Vollkornbrot	40		Erbsen, halb	25
Eiscreme mit Agar-Agar oder Karrageen	40		Schokolade, schwarz (> 70 % Kakao)	25
Vollkornnudeln, al dente	40		Fruchtzucker (Fruktose)	20
Feigen, Aprikosen, getrocknet	40		Sojabohnen, gekocht	15
Erbsen, frisch	35		Nüsse, Mandeln	15
Bohnen, rot	35		Grünes Gemüse, Salat, Kohl	<15
Wildreis	35		Champignons, Zwiebel	<15
Quinoa	35			
Joghurt	35			

Den glykämischen Index weiterer
Lebensmittel finden Sie auf der Website
www.montignac.de

ERNÄHRUNGS PRINZIPIEN
DER METHODE MONTIGNAC

Die Montignac-Methode ist in erster Linie eine Ernährungsweise, die zur positiven Veränderung der Essgewohnheiten führt. Sie ist keine Diät im herkömmlichen Sinne, denn es besteht keine Mengenbe-schränkung. **Man isst nicht weniger, sondern besser**. Nahrungsmittel werden nach ihren nährenden Eigenschaften und ihrer Stoffwechselwirkung ausgewählt.

Nahrungsmittelauswahl

Kohlenhydrate
Bevorzugt werden Kohlenhydrate mit niedrigem glykämischem Index. Dies verhindert die übermäßige Frhöhung des Blutzucker- und Insulinspiegels, die eine Gewichtszunahme fördern.

Erfahrungsgemäß führt der Verzehr von Kohlenhydraten mit niedrigem glykämi-schem Index bis 35 zur Gewichtsabnahme und zur Vorbeugung von Diabetes Typ 2 und Herz-Kreislauf-Erkrankungen.

Dies wird dadurch erreicht, dass man versucht ein durchschnittlich niedriges glykämisches Gesamtergebnis während der Mahlzeiten eines Tages zu erzielen.

Fette
Einfach ungesättige Fettsäuren zum Beispiel in Olivenöl und mehrfach ungesättigte tierische Fettsäuren zum Beispiel in Fett von Seefisch werden bevorzugt, da sie den Gewichtsabbau begünstigen.
Im Gegensatz zu gesättigten Fetten (in Butter, Margarine, Schmalz ...) tragen sie dazu bei, den Risikofaktoren für Herz-Kreislauf-Erkrankungen entgegenzuwirken.

Eiweiß
Eiweiß tierischen oder pflanzlichen Ursprungs hat einen eher neutralen Einfluss auf die Insulinausschüttung.

Die Gesamtenergiezufuhr sollte zu etwa 30 % aus Eiweiß bestehen. Dies führt zu einer besseren Sättigung und erhöht den Grund-Energieverbrauch.

WIRKSAMKEIT WISSENSCHAFTLICH BEWIESEN

Die Wirksamkeit der Montignac-Methode wurde in den vergangenen 20 Jahren durch zahlreiche wissenschaftliche Studien bewiesen.

Erfahrungsberichte unzähliger Personen, darunter viele Allgemein- und Fachärzte weltweit, belegen den Erfolg dieser Ernährungsmethode. Sie wird international wissenschaftlich von bekannten Epidemiologen, wie Professor Walter Willett von der Harvard Medical School befürwortet und getragen.

Die Montignac-Methode hat sich aufgrund ihrer Wirksamkeit langfristig bewährt und vorteilhafte Nebeneffekte (Kanadische Studie, Prof. Dumesnil, 2001, British Journal of Nutrition).

Die Montignac-Methode ist heute die einzige Alternative zu den von Misserfolg gekennzeichneten kalorienreduzierten Diäten. Laut Professor Walter Willett waren gerade die Ernährungsempfehlungen der Weltgesundheitsorganisation in den vergangenen Jahrzehnten zu einem Großteil für die enorme weltweite Zunahme der Fettleibigkeit verantwortlich.

Die zwei Phasen der Montignac-Methode

Phase I:
Die Phase der Gewichtsabnahme

Sie ist abhängig vom Übergewicht. Außer der vernünftigen Auswahl der Fette und Eiweiße ist es wichtig, nur Kohlenhydrate zu verzehren, deren glykämischer Index bei maximal 35 liegt, um eine möglichst geringe Insulinausschüttung am Ende einer Mahlzeit auszulösen.
Dies verhindert nicht nur eine Fetteinlagerung (Lipogenese), sondern fördert den Abbau von Fettreserven (Lipolyse), die durch einen erhöhten Energieverbrauch (Thermogenese) verbrannt werden.

Phase II:
Die Phase der Gewichtsstabilisation und Vorbeugung

Die Auswahl der Kohlenhydrate erfolgt weiterhin nach dem glykämischen Index, ist aber vielfältiger als in Phase I.

Durch den Aspekt der glykämischen Last (GL), die sich aus dem GI-Wert und der reinen Kohlenhydratkonzentration eines Nahrungsmittels errechnet, und unter Berücksichtigung des glykämischen Resultats (GR) kann die Auswahl sogar noch verfeinert werden. Somit können unter bestimmten Bedingungen alle Kohlenhydrate verzehrt werden, einschließlich jener mit einem hohen glykämischen Index.

Das glykämische Resultat ist die durchschnittliche Erhöhung des Blutzuckerspiegels am Ende einer Mahlzeit unter Berücksichtigung der Wechselwirkung der verschiedenen Nahrungsmittel. Dadurch ist es möglich auch Kohlenhydrate mit hohem glykämischem Index während einer Mahlzeit zu essen und deren blutzuckersteigernde Wirkung zu neutralisieren.

Wichtig ist dabei vor allem, zuerst Kohlenhydrate mit sehr niedrigem glykämischem Index zu verzehren, um die Auswirkung des schlechten Kohlenhydrats zu mindern. Somit sind in Phase II alle Nahrungsmittel erlaubt.

Der Aufbau der Mahlzeiten

Das Grundprinzip ist die Einhaltung von drei Hauptmahlzeiten täglich:
• Frühstück
• Mittagessen
• Abendessen
Dabei wird zwischen zwei Mahlzeittypen unterschieden: Eiweiß-Fett-Mahlzeit und Kohlenhydrat-Eiweiß-Mahlzeit.

Eiweiß-Fett-Mahlzeit
Sie enthält Eiweiß und Fett zum Beispiel in Fleisch, Fisch, Eiern, Käse, Milch …
aber auch Kohlenhydrate, jedoch nur mit einem glykämischen Index bis 35.

Kohlenhydrat-Eiweiß-Mahlzeit
Sie besteht überwiegend aus Kohlenhydraten deren glykämischer Index bei maximal 50 liegt, z. B. Spaghetti al dente, Naturreis, Hülsenfrüchte … kombiniert mit reichlich frischem Gemüse und Salat.

Zusätzlich können eiweißhaltige Nahrungsmittel verzehrt werden – vorausgesetzt sie
enthalten keine gesättigten Fette – zum
Beispiel mageres Geflügel oder sehr
mageres Fleisch.
Die einzig erlaubten Fette zu einer
Kohlenhydrat-Eiweiß-Mahlzeit sind
Omega-3-Fettsäuren in Fisch und sehr
wenig einfach ungesättigte Fettsäuren,
zum Beispiel in Olivenöl.

Tägliches Ernährungsgleichgewicht
- Frühstück: **Kohlenhydrat-Eiweiß-
  Mahlzeit** (siehe Seite 34)
- Mittagessen: **Eiweiß-Fett-Mahlzeit**
  (Hauptmahlzeit):
- - Vorspeise (Salat, Rohkost …)
- - Hauptgericht (Fleisch, Geflügel, Fisch,
    Eier … und Kohlenhydrate mit einem GI
    bis 35, z. B. Gemüse, Hülsenfrüchte …)
- - Nachspeise (frische Früchte, Käse oder

ein Dessert mit einem GI bis 35).
- Abendessen: **Eiweiß-Fett-Mahlzeit**
  oder etwa dreimal pro Woche eine
  Kohlenhydrat-Eiweiß-Mahlzeit und
  prinzipiell leichter als das Mittagessen:
- - Vorspeise *auf Wunsch* (Salat, Rohkost,
    Gemüsesuppe …)
- - Hauptgericht wie mittags – allerdings
    fettarm oder Kohlenhydratgericht, (z. B.
    Spaghetti al dente, Linsen, Naturreis …
    mit Gemüse)
- - Nachspeise *auf Wunsch* (frische Früchte,
  Naturjoghurt mit max. 0,3 % Fettgehalt).

Die Mahlzeittypen können aber auch
umgestellt werden. Wenn die Hauptmahlzeit abends eingenommen wird, sollte sie
allerdings fettarmer zubereitet werden.
Eine Nachspeise ist keine Pflicht, sondern
bildet auf Wunsch am Ende einer Mahlzeit
einen genussvollen Abschluss.

GRUNDSÄTZE DER
MONTIGNAC
KÜCHE

Alle Rezepte dieses Buches sind auf die Montignac-Methode abgestimmt und entsprechen der Phase I. Sie sind zum Abnehmen geeignet, da sie keine Kohlenhydrate mit hohem glykämischem Index enthalten. Auch die vorgeschlagenen Beilagen haben einen niedrigen oder sogar sehr niedrigen glykämischen Index von maximal 35.

Abgesehen von einzelnen Ausnahmen, sind die Rezepte von der Mittelmeerküche, insbesondere der provenzalischen Sonnenküche mit ihren unvergleichlichen Aromen inspiriert.
Die Gerichte sind schnell und leicht zuzubereiten und die Zutaten sind sehr vorteilhaft für die Gesundheit, besonders zur Vorbeugung von Stoffwechselstörungen wie Übergewicht, Diabetes Typ 2 und Herz-Kreislauf-Erkrankungen.

Die gravierendsten Fehler der traditionellen Küche

Wie Sie schnell feststellen werden, fehlen in den Rezepten drei Hauptzutaten der traditionellen Küche, vor allem bei Gebäck: Weißmehl, Zucker und Butter.

Weißmehl und Zucker
Um abzunehmen oder das Gewicht zu halten, sollten diese gemieden werden, da es sich um Kohlenhydrate mit hohem glykämischem Index handelt.

Butter
Sie wird nicht verwendet, da sie reichlich gesättigte Fettsäuren enthält, die sich durch Erhitzen negativ verändern.

In geringen Mengen kann Butter aber genossen werden (10–20 g täglich), wenn sie roh oder leicht geschmolzen verzehrt wird, keinesfalls aber gekocht oder stark erhitzt.

Butter besteht größtenteils aus gesättigten Fetten, aus kurzkettigen Fettsäuren, die sehr schnell von den Verdauungsenzymen aufgespalten werden. Deshalb ist frische

Butter leichter verdaulich. Sobald sie eine Temperatur von 100 °C erreicht, werden die kurzkettigen Fettsäuren nach und nach zerstört. Deshalb ist erhitzte Butter schwer verdaulich und kann nicht mehr richtig durch die Verdauungsenzyme aufgespalten werden.

Sie stellt sogar einen Risikofaktor für die Gesundheit dar. Denn außer der negativen Auswirkung auf den Cholesterinspiegel und das Risiko der Gefäßverengung bildet erhitzte Butter bei etwa 120 °C Akrolein, bekannt als krebserregende Substanz. Wird Butter zur Zubereitung eines traditionellen Gerichts erhitzt, steigt die Temperatur rasch auf 160–180 °C oder höher.
Bei Gänsefett und Olivenöl, die sehr empfehlenswert sind, ist dies anders.

Gänse- oder Entenfett

Seit langem ist wissenschaftlich bewiesen, dass die Annahme, alle tierischen Fette seien schlecht und alle pflanzlichen seien gut, völlig überholt ist.

Palmöl – pflanzlichen Ursprungs – ist zum Beispiel eher schlecht, da es übermäßig viele gesättigte Fettsäuren enthält. Gänse- und Entenfett – tierischen Ursprungs – hingegen sind gut, da sie größtenteils aus einfach ungesättigten Fettsäuren bestehen und dieselben Eigenschaften haben wie Olivenöl (hohe Erhitzbarkeit, Vorbeugefaktor gegen Herz-Kreislauf-Erkrankungen). Zudem verleihen sie den Speisen einen besonderen Geschmack.

Olivenöl

Bereits in der Bibel wurde Olivenöl in den antiken Kulturen als bedeutendes Nahrungsmittel erwähnt. Es wurde nicht nur verzehrt, sondern diente auch der Beleuchtung und Körperpflege. Jahrhundertelang ist es das Fett der ärmeren Länder des Mittelmeerraums geblieben. Mitte des zwanzigsten Jahrhunderts wurde es von modernen Fetten wie Sonnenblumenöl, Maiskeimöl und Margarine verdrängt.

Olivenöl findet aber seit einiger Zeit wieder zunehmend Verwendung in der feinen Küche. Dank seiner positiven gesundheitlichen Wirkungen hat es nach

und nach sein Ansehen wiedererlangt, vor allem durch wissenschaftliche Studien über die bekannte Mittelmeerdiät.

Die kritische Temperatur von raffiniertem Olivenöl liegt höher als bei vielen anderen Fettarten. Das liegt an seinem Säuregehalt. Es kann bis maximal 220 °C erhitzt werden, während Erdnussöl 210 °C, Sonnenblumenöl 170 °C und Butter 110 °C nicht übersteigen darf.

Olivenöl ist daher in allen Rezepten gegenwärtig, man verwendet es sowohl erhitzt als auch kalt.

Sojacreme

Bei einer Vielzahl der aufgeführten Rezepte wird anstelle der flüssigen Crème fraîche Sojacreme verwendet. Dieses Produkt macht eine Sauce cremiger und enthält im Gegensatz zu Crème fraîche keine gesättigten Fettsäuren.

Sojacreme passt hervorragend zu Gemüse, Hülsenfrüchten und Fisch. Verwendet man sie zu Fleisch, wird empfohlen, den Geschmack mit Gänsefett zu verfeinern.

Der einzige Nachteil von Sojacreme ist, dass sie sehr schnell gerinnt, wenn sie stark oder lange erhitzt wird.
Daher sollte sie erst am Ende der Kochzeit zugefügt oder die Sauce im Wasserbad zubereitet werden.

Tipp: Zunächst etwas Wasser in den Topf oder die Pfanne geben und anschließend die Sojacreme sehr langsam erhitzen ohne aufzukochen oder im Wasserbad erwärmen.

Montignacs Küche

Dieses Rezeptbuch ist geprägt von Michel Montignacs Ernährungs-Konzept, das seit über zwanzig Jahren an wissenschaftliche Erkenntnisse angepasst und ständig weiterentwickelt wird.

Bis dahin war die Ernährungslandschaft in zwei Lager gespalten. Einerseits eine Welt der großen Festessen, des fettreichen Nahrungsüberflusses. Die der „Genuss-Esser", die Lebensfreude und Dasein an ihrem Körperumfang maßen.

Eine Welt der privilegierten, sinneslustigen Schlemmer und Feinschmecker, die durch Nahrung im Überfluss sorglos ihr eigenes Grab mit der Gabel schaufelten.

Auf der anderen Seite, die puritanische und fast schon selbstquälerische Welt der konventionellen Ernährungslehre. Verbote, bescheidene symbolische Portionen, äußerst kalorienarm, geruch- und geschmacklose Nahrungsmittel, Appetithemmer, Eiweißdrinks und künstliche Ersatzmahlzeiten.

Dies war (und ist immer noch) die Welt derjenigen, für die Essen beinahe schon eine Sünde ist. Es ist die Welt der Traurigen, Spielverderber und Störenfriede, die aus Hunger essen und uns ein schlechtes Gewissen einreden, um uns den Appetit zu verderben. Mit anderen Worten sind es diejenigen, die unter dem Vorwand unser Leben zu verlängern, uns geradezu daran hindern zu leben.

Michel Montignacs Küche ist ein Versöhnungsversuch dieser beiden Gegensätze. Sie ist ein Mittelweg zwischen dem Nahrungsüberfluss und der Askese. Sie geht von der Idee aus, dass Essen nicht nur eine Notwendigkeit, sondern Vergnügen, ja sogar ein Teil der Lebensqualität sein sollte. Sie lehnt Nahrungseinschränkung ab und verurteilt die Praxis, den Hunger zu täuschen und zu behaupten, trotzdem den Bedürfnissen des Körpers zu genügen, beispielsweise durch künstliche Ersatzmahlzeiten.

DER GESUNDE ERNÄHRUNGSVERSTAND

Montignacs Küche bietet täglich genussvolles und gesundes Essvergnügen. Sie ist die Rückkehr zu einem ernährungsmäßig guten Menschenverstand.

Intelligent zu essen, heißt, das Beste der Esstradition beizubehalten, neueste Ernährungserkenntnisse zu integrieren und die überholten Diätvorschläge der Vergangenheit in Frage zu stellen. Sie ist die sinnvolle Kombination von gutem und gesundem Essen.

MENÜS
FÜR JEDEN TAG

In den folgenden Wochenplänen wurden Menüs mit Rezepten dieses
Buches zusammengestellt.
Sämtliche Menüs entsprechen den Prinzipien der Montignac-Methode
und geben ein Beispiel, wie die ausgewählten Nahrungsmittel auf
den Tag oder die Woche verteilt werden können, um sich ausgewogen
zu ernähren.

MENÜS FÜR ZWEI MONATE

Frühstück

Die folgenden Menü-Vorschläge beziehen sich nur auf Mittag- und Abendessen. Denn von einigen Varianten abgesehen, ist das Frühstück täglich fast gleich.

Wichtig ist, dass es entsprechend den Prinzipien der Phase I zusammengestellt wird. Am besten geeignet ist ein Kohlenhydrat-Frühstück. Es beinhaltet Kohlenhydrate mit einem glykämischen Index bis maximal 50 und Eiweiß, aber kein Fett, allenfalls sehr wenig einfach ungesättigte Fettsäuren oder Omega-3-Fettsäuren.

Kohlenhydrate mit niedrigem GI
- frisches Obst
- Vollkornbrot, Knäckebrot mit mindestens 24 % Ballaststoffen, Pumpernickel
- Vollkorngetreideflocken ohne Zucker
- Fruchtaufstrich ohne Zucker

Eiweiß
- Naturjoghurt (max. 0,3 % Fett)
- Magerquark (max. 0,3 % Fett)
- Hähnchen- oder Putenbrustfilet
- Räucherlachs

Getränke
- Entkoffeinierter Kaffee, Kaffee arabica, Kakao, entrahmte Milch, Soja- und Mandelmilch, Tee und Kräutertee sowie frisch gepresste Fruchtsäfte mit Fruchtfleisch werden empfohlen. Gemieden werden: industriell hergestellte gezuckerte Säfte und Limonaden sowie Light-Getränke.

Zucker und alle gesättigten Fette (insbesondere Butter) sind zu meiden.

Mittagessen

Dies ist die wichtigste Mahlzeit des Tages. Sie sollte sich hauptsächlich aus pflanzlichem oder tierischem Eiweiß (Fleisch, Geflügel, Fisch, Eier, Käse ...), gutem Fett und Kohlenhydraten mit einem glykämischen Index bis 35 (Gemüse, Hülsenfrüchte, Vollkorngetreide, Obst ...) zusammensetzen.

Das Mittagessen kann aus drei Gängen bestehen.
- Vorspeise: bevorzugt Salat, Rohkost oder Gemüse
- Hauptspeise: Fleisch-, Geflügel-, Fisch- oder Eiergericht mit Gemüsebeilage
- Nachspeise, entweder:
- Käse mit Salat
- frisches oder gekochtes Obst
- Naturjoghurt
- Dessert nach Montignac oder Gebäck nach Montignac, ohne Weißmehl, gesättigte Fette (Butter) und Zucker (durch Fruchtzucker ersetzbar)

Abendessen

Das Abendessen sollte leicht sein, das heißt wenig Fett enthalten.
Drei Abendmahlzeiten pro Woche können aus Kohlenhydraten mit einem glykämischen Index bis 50 bestehen und mit Eiweiß kombiniert werden. Sie sollten aber kein Fett, außer Fischfett oder etwas Olivenöl enthalten.

Sonntags wird traditionsbedingt meist etwas reichhaltiger gegessen.
Das Abendessen kann aus zwei Gängen bestehen – einer Hauptmahlzeit und einer Nachspeise – und sollte fettarm sein.

Die Nachspeise bildet auf Wunsch am Ende einer Mahlzeit einen genussvollen Abschluss.

GUT ZU WISSEN

Die vorgeschlagenen Menüs können individuell umgestellt werden.
Es ist möglich das Mittagessen mit dem Abendessen zu tauschen oder auch ganze Tage.

• Das Mittag- oder Abendessen kann auch durch einen Montignac-Imbiss ersetzt werden, zum Beispiel:
  - ein Sandwich aus Vollkornbrot mit niedrigem glykämischem Index, belegt mit Rohkost und Räucherlachs oder Hähnchen- bzw. Putenbrust.
  - frischen Salat oder getrocknete Früchte. Dazu können auch einige Nüsse gegessen werden, besonders Mandeln.

Weitere Details zur Montignac-Methode finden Sie in den Büchern:
Die Montignac-Methode für Einsteiger oder *Die neue Trendkost* siehe S. 254 oder www.montignac.com

WOCHE 1

■ Lachsfilet mit Oliven-
creme (siehe S. 134)

■ Schweinekotelett auf
grünen Linsen
(siehe S. 182)

■ Jakobsmuscheln auf
Schalotten (siehe S. 122)

	MONTAG	**DIENSTAG**	**MITTWOCH**
Frühstück	• Siehe S. 34	• Siehe S. 34	• Siehe S. 34
Mittagessen	• Mozzarella-Tomaten (siehe S. 70) • Lachsfilet mit Olivencreme (siehe S. 134) • Spinat • Käse	• Gurkensalat • Schweinekotelett auf grünen Linsen (siehe S. 182) • Frische rote Beeren	• Chicorée-Salat mit Nüssen • Jakobsmuscheln auf Schalotten (siehe S. 122) • Frische grüne Erbsen • 2 – 3 kleine Stückchen Schokolade mit mind. 70 % Kakaogehalt
Abendessen	• Spaghetti al dente und Tomatensauce mit Basilikum (siehe S. 218) • Entrahmter Naturjoghurt Kohlenhydrat-Eiweiß-Mahlzeit	• Geflügelbrustfilet mit Parmesan (siehe S. 162) • Grüner Blattsalat • Naturjoghurt	• Tomaten mit Tofu-Gemüsefüllung (siehe S. 206) • Basmatireis • Fruchtkompott (siehe S. 233) Kohlenhydrat-Eiweiß-Mahlzeit

■ Avocado-Krabben-
Cremesuppe
(siehe S. 60)

■ Hühnerbrustfilet in Curry
(siehe S. 160)

■ Quinoa-Taboulé
(siehe S. 88)

■ Nektarinenkuchen mit
Mandeln (siehe S. 250)

DONNERSTAG	FREITAG	SAMSTAG	SONNTAG
• Siehe S. 34	• Siehe S. 34	• Siehe S. 34	• Siehe S. 34
• Avocado-Krabben-Cremesuppe (siehe S. 60) • Kabeljau mit Brokkoli (siehe S. 146) • Abgetropfter Quark, natur	• Spinatsalat Sevilla (siehe S. 87) • Hühnerbrustfilet in Curry (siehe S. 160) • Naturjoghurt	• Quinoa-Taboulé (siehe S. 88) • Thunfischfilet mit Tomaten (siehe S. 140) • Gurkensalat • Käse	• Feinschmecker-Salat (siehe S. 86) • Lammkarree mit Champignons (siehe S. 190) • Gemischter grüner Blattsalat • Käse oder Nektarinenkuchen mit Mandeln (siehe S. 250)
• Champignon-Omelett • Eisberg- oder Kopfsalat • Käse	• Gefüllte Paprika mit Schafskäse (siehe S. 102) • Apfelkompott, ungezuckert Kohlenhydrat-Eiweiß-Mahlzeit	• Roher Landschinken • Gemüse-Gratin provenzalisch (siehe S. 212) • Früchtekuchen (siehe S. 242)	• Grüne-Linsen-Terrine (siehe S. 76) • Weich gekochte Eier • Naturjoghurt

WOCHE 2

- ■ Zuckererbsenschoten mit Speckwürfeln (siehe S. 214)
- ■ Thunfischfilet mit Ingwer (siehe S. 130)
- ■ Chili vegetarisch (siehe S. 204)

	MONTAG	DIENSTAG	MITTWOCH
Frühstück	• Siehe S. 34	• Siehe S. 34	• Siehe S. 34
Mittagessen	• Chinakohlsalat • Schweinekotelett • Zuckererbsenschoten mit Speckwürfeln (siehe S. 214) • Naturjoghurt	• Geraspelte Karotten mit Zitrone • Thunfischfilet mit Ingwer (siehe S. 130) • Abgetropfter Quark, natur	• Blattsalat mit Radieschen • Geflügelleber provenzalisch (siehe S. 164) • Gedünstete Paprikaschoten • Naturjoghurt
Abendessen	• Naturreis und Tomatensauce mit Basilikum (siehe S. 218) • Bratapfel Kohlenhydrat-Eiweiß-Mahlzeit	• Quinoa-Taboulé (siehe S. 88) • Räucherlachs • Naturjoghurt	• Chili vegetarisch (siehe S. 204) • Kompott, ungezuckert Kohlenhydrat-Eiweiß-Mahlzeit

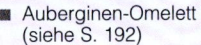

- Auberginen-Omelett (siehe S. 192)
- Frische Gurkensuppe mit Apfel (siehe S. 68)
- Pflaumen-Mousse (siehe S. 234)
- Gänseleber-Terrine (siehe S. 78)

DONNERSTAG	FREITAG	SAMSTAG	SONNTAG
• Siehe S. 34	• Siehe S. 34	• Siehe S. 34	• Siehe S. 34
• Gurkensalat • Rindergeschnetzeltes rustikal (siehe S. 188) • Brokkoli • Frische Erdbeeren	• Brokkolisuppe (siehe S. 66) • Thunfisch-Lachs-Spieße (siehe S. 153) • Grüne Bohnen • Sojajoghurt	• Zucchini-Gratin griechischer Art (siehe S. 104) • Meerbarbenfilet (siehe S. 132) • Pflaumen-Mousse (siehe S. 234)	• Gänseleber-Terrine (siehe S. 78) • Jakobsmuscheln mit Champignons (siehe S. 126) • Himbeer-Clafoutis (siehe S. 244)
• Auberginen-Omelett (siehe S. 192) • Grüner Blattsalat • Käse	• Frische Gurkensuppe mit Apfel (siehe S. 68) • Putenbrustfilet • Linsen • Pochierte Birne Kohlenhydrat-Eiweiß-Mahlzeit	• Lauchsuppe • Spiegelei • Grüner Blattsalat • Frische rote Beeren	• Gefüllte Champignons (siehe S. 172) • Gemischter Salat • Käse

WOCHE 3

■ Spaghetti und Tomatensauce mit Basilikum (siehe S. 218)

■ Frische Himbeeren

■ Avocadosuppe (siehe S. 64)

	MONTAG	DIENSTAG	MITTWOCH
Frühstück	• Siehe S. 34	• Siehe S. 34	• Siehe S. 34
Mittagessen	• Rotkohlsalat • Kalbsleber mit Petersilie • Grüne Bohnen • Frisches Obst	• Griechischer Salat (Tomaten + Feta) • Lammkeulenscheibe • Flageoletbohnen • Naturjoghurt	• Avocadosuppe (siehe S. 64) • Thunfisch mit Tomaten und Oliven (siehe S. 144) • Brokkoli • Grüner Blattsalat • Käse
Abendessen	• Spaghetti und Tomatensauce mit Basilikum (siehe S. 218) • Entrahmter Naturjoghurt	• Gedämpfte Artischocken • Gemüse-Omelett • Frische Himbeeren	• Grüne Linsen • Gedämpfter Lachs • Kompott, ungezuckert
	Kohlenhydrat-Eiweiß-Mahlzeit		Kohlenhydrat-Eiweiß-Mahlzeit

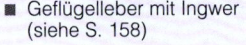

■ Geflügelleber mit Ingwer
(siehe S. 158)

■ Paprika gefüllt mit
Basmatireis
(siehe S. 200)

■ Hähnchen mit Pastis und
Fenchel (siehe S. 166)

■ Schokoladenkuchen
(siehe S. 226)

DONNERSTAG	FREITAG	SAMSTAG	SONNTAG
• Siehe S. 34	• Siehe S. 34	• Siehe S. 34	• Siehe S. 34
• Marinierte Champignons • Geflügelleber mit Ingwer (siehe S. 158) • Zuckererbsenschoten • Kompott, ungezuckert	• Lauch in Vinaigrette (siehe S. 94) • Seeteufel auf Spinat (siehe S. 152) • Naturjoghurt	• Zwiebelkuchen (siehe S. 110) • Hähnchen mit Pastis und Fenchel (siehe S. 166) • Rucolasalat • Käsekuchen (siehe S. 240)	• Entenbrust-Tatar (siehe S. 80) • Seebarsch mit Fenchel (siehe S. 150) • Gedünsteter Fenchel • Schokoladenkuchen (siehe S. 226)
• Geraspelte Karotten mit Zitrone • Pochierte Forelle • Brokkoli • Naturjoghurt	• Paprika gefüllt mit Basmatireis (siehe S. 200) • Trockenpflaumen Kohlenhydrat-Eiweiß-Mahlzeit	• Garnelen-Gratin (siehe S. 120) • Gurkensalat • Käse	• Gefüllte Auberginen à la Provence (siehe S. 198) • Fruchtkompott (siehe S. 233)

WOCHE 4

■ Kabeljau mit Brokkoli
(siehe S. 146)

■ Lauchquiche
(siehe S. 108)

■ Thunfischfilet mit
Tomaten (siehe S. 140)

	MONTAG	**DIENSTAG**	**MITTWOCH**
Frühstück	• Siehe S. 34	• Siehe S. 34	• Siehe S. 34
Mittagessen	• Avocado in Vinaigrette • Kabeljau mit Brokkoli (siehe S. 146) • Grüner Blattsalat • Frische Himbeeren	• Sellerie in Remoulade (geraspelter Sellerie mit Joghurt 0 % Fettgehalt und Senf) • Omelett andalusisch (siehe S. 196) • Kopf- oder Friséesalat • Käse	• Palmherzen • Thunfischfilet mit Tomaten (siehe S. 140) • Zucchini • Naturjoghurt
Abendessen	• Wildreis und Tomatensauce mit Basilikum (siehe S. 218) • Apfelkompott, ungezuckert Kohlenhydrat-Eiweiß-Mahlzeit	• Avocado in Vinaigrette • Lauchquiche (siehe S. 108) • Pfirsich	• Omelett mit Tomate und Putenbrustfilet • Sojasprossen • Orange Kohlenhydrat-Eiweiß-Mahlzeit

■ Rinderfilet auf
  Schalottenbett
  (siehe S. 186)

■ Lauch in Vinaigrette
  (siehe S. 94)

■ Auberginenscheiben
  überbacken
  (siehe S. 170)

■ Himbeer-Clafoutis
  (siehe S. 244)

DONNERSTAG	FREITAG	SAMSTAG	SONNTAG
• Siehe S. 34	• Siehe S. 34	• Siehe S. 34	• Siehe S. 34
• Geraspelte Karotten mit Zitrone • Rinderfilet auf Schalottenbett (siehe S. 186) • Grüne Bohnen • Naturjoghurt	• Lauch in Vinaigrette (siehe S. 94) • Geflügelleber provenzalisch (siehe S. 164) • Gemischter Blattsalat • Käse	• Zucchini-Schnitten (siehe S. 98) • Tintenfisch provenzalischer Art (siehe S. 124) • Fruchtkompott (siehe S. 233)	• Lachs in Dillmarinade (siehe S. 84) • Grüner Blattsalat • Enten-Confit mit Äpfeln (siehe S. 168) • Himbeer-Clafoutis (siehe S. 244)
• Tofu-Spieße (siehe S. 202) • Frisée- oder Eisbergsalat • Käse	• Kohlsuppe (Kohl, Tomate, Sellerie, Gemüsebrühe) • Gedämpftes Lachsfilet • Romanesco • Pochierte Birne Kohlenhydrat-Eiweiß-Mahlzeit	• Auberginenscheiben überbacken (siehe S. 170) • Grüner Blattsalat • Naturjoghurt	• Chicorée-Schinken-Gratin (siehe S. 178) • Frisches Obst

WOCHE 5

■ Kalbsschnitzel mit Paprika (siehe S.174)

■ Gefüllte Auberginen à la Provence (siehe S.198)

■ Frucht-Zabaione (siehe S. 238)

	MONTAG	DIENSTAG	MITTWOCH
Frühstück	• Siehe S. 34	• Siehe S. 34	• Siehe S. 34
Mittagessen	• Blumenkohlsalat • Kalbsschnitzel mit Paprika (siehe S. 174) • Grüner Blattsalat • Käse	• Lauch in Vinaigrette (siehe S. 94) • Forelle mit Mandelblättchen • Brokkoli • Abgetropfter Quark, natur	• Lollo rosso oder Kopfsalat • Entrecote in Rotwein (siehe S. 180) • Geschmorter Chicorée • Frucht-Zabaione (siehe S. 238)
Abendessen	• Paprika gefüllt mit Basmatireis (siehe S. 200) • Bratapfel Kohlenhydrat-Eiweiß-Mahlzeit	• Gefüllte Auberginen à la Provence (siehe S. 198) • Naturjoghurt	• Tomaten mit Tofu-Gemüsefüllung (siehe S. 206) • Grüner Blattsalat • Abgetropfter Quark, natur Kohlenhydrat-Eiweiß-Mahlzeit

■ Lachs-Tatar mit Ziegenfrischkäse (siehe S. 136)

■ Mozzarella-Tomaten (siehe S. 70)

■ Gemüse-Tortilla mit Chorizo (siehe S. 194)

■ Bayerische Creme mit roten Beeren (siehe S. 230)

DONNERSTAG	FREITAG	SAMSTAG	SONNTAG
• Siehe S. 34	• Siehe S. 34	• Siehe S. 34	• Siehe S. 34
• Avocadosuppe (siehe S. 64) • Lachs-Tatar mit Ziegenfrischkäse (siehe S. 136) • Tomatensalat • Frische Erdbeeren	• Mozzarella-Tomaten (siehe S. 70) • Käse-Omelett • Kopf- oder Endiviensalat • Naturjoghurt	• Ziegenkäsecreme auf Rucola (siehe S. 92) • Piperade baskischer Art (siehe S. 191) • Grüner Blattsalat • Naturjoghurt	• Gourmet-Salat (siehe S. 97) • Jakobsmuscheln auf Schalotten (siehe S. 122) • Gurkensalat • Bayerische Creme mit roten Beeren (siehe S. 230)
• Spiegeleier • Ratatouille (siehe S. 210) • Frisches Obst	• Spaghetti al dente und Tomatensauce mit Basilikum (siehe S. 218) • Apfelkompott, ungezuckert Kohlenhydrat-Eiweiß-Mahlzeit	• Gemüse-Tortilla mit Chorizo (siehe S. 194) • Gemischter Salat • Käse	• Tofu mit grünen Linsen (siehe S. 208) • Frisches Obst

WOCHE 6

■ Linsen

■ Lauchquiche
(siehe S. 108)

■ Gänseleber mit
Muskattrauben
(siehe S. 154)

	MONTAG	DIENSTAG	MITTWOCH
Frühstück	• Siehe S. 34	• Siehe S. 34	• Siehe S. 34
Mittagessen	• Kichererbsensalat • Rindersteak • Grüner Blattsalat • Käse	• Sellerie in Remoulade (geraspelter Sellerie mit Joghurt 0 % Fettgehalt und Senf) • Kalbsleber mit Petersilie • Frische grüne Erbsen • Naturjoghurt	• Brokkolisuppe (siehe S. 66) • Gänseleber mit Muskattrauben (siehe S. 154) • Grüner Blattsalat • Käse
Abendessen	• Linsen mit Zwiebeln und Tomate • Entrahmter Naturjoghurt Kohlenhydrat-Eiweiß-Mahlzeit	• Lauchquiche (siehe S. 108) • Grüner Blattsalat • Käse	• Spaghetti al dente und Tomatensauce mit Basilikum (siehe S. 218) • Apfelkompott, ungezuckert Kohlenhydrat-Eiweiß-Mahlzeit

■ Omelett andalusisch
(siehe S. 196)

■ Tofu-Spieße
(siehe S. 202)

■ Gurkencremesuppe mit
Garnelen (siehe S. 62)

■ Mousse au Chocolat
(siehe S. 228)

DONNERSTAG	FREITAG	SAMSTAG	SONNTAG
• Siehe S. 34	• Siehe S. 34	• Siehe S. 34	• Siehe S. 34
• Geraspelte Karotten in Vinaigrette • Hühnerbrustfilet in Curry (siehe S. 160) • Grüner Blattsalat • Frisches Obst	• Chicorée-Salat mit Nüssen • Jakobsmuschel-Timbale (siehe S. 116) • Geschmorter Fenchel • Käsekuchen Korsika (siehe S. 232)	• Gurkencremesuppe mit Garnelen (siehe S. 62) • Hähnchen mit Apfel (siehe S. 156) • Blattsalat • Ziegenkäse	• Thunfisch-Tatar à l'aioli (siehe S. 82) • Langusten auf Lauchgemüse (siehe S. 114) • Mousse au Chocolat (siehe S. 228)
• Omelett andalusisch (siehe S. 196) • Kopfsalat • Frische Erdbeeren	• Geraspelte Karotten mit Zitrone • Tofu-Spieße (siehe S. 202) • Entrahmter Naturjoghurt Kohlenhydrat-Eiweiß-Mahlzeit	• Thunfisch mit Tomaten und Oliven (siehe S. 144) • Salat • Naturjoghurt	• Auberginen-Gratin mit Speckstreifen (siehe S. 176) • Bratapfel

WOCHE 7

■ Mozzarella-Tomaten (siehe S. 70)

■ Pfirsichpudding (siehe S. 224)

■ Lauch in Vinaigrette (siehe S. 94)

	MONTAG	DIENSTAG	MITTWOCH
Frühstück	• Siehe S. 34	• Siehe S. 34	• Siehe S. 34
Mittagessen	• Mozzarella-Tomaten (siehe S. 70) • Schweinekotelett auf grünen Linsen (siehe S. 182) • Naturjoghurt	• Rotkohlsalat • Geflügelleber mit Ingwer (siehe S. 158) • Flageoletbohnen • Naturjoghurt	• Lauch in Vinaigrette (siehe S. 94) • Thunfischfilet mit Tomaten (siehe S. 140) • Käse
Abendessen	• Kohlsuppe (Kohl, Tomate, Sellerie, Gemüsebrühe) • In der Kohlsuppe pochiertes Eiweiß (2 – 3 pro Person) Kohlenhydrat-Eiweiß-Mahlzeit	• Griechischer Salat (Tomaten + Feta) • Roher Schinken • Pfirsichpudding (siehe S. 224)	• Grüne Linsen mit Tomaten • Basmatireis • Entrahmter Naturjoghurt Kohlenhydrat-Eiweiß-Mahlzeit

- Thunfisch-Salat
  (siehe S. 90)
- Lachsfilet auf Lauchbett
  (siehe S. 142)
- Auberginen-Omelett
  (siehe S. 192)
- Schweinefilet-Spieß mit
  Backpflaumen
  (siehe S. 184)

DONNERSTAG	FREITAG	SAMSTAG	SONNTAG
• Siehe S. 34	• Siehe S. 34	• Siehe S. 34	• Siehe S. 34
• Thunfisch-Salat (siehe S. 90) • Seeteufel mit Champignons in Rotwein (siehe S. 139) • Grüner Blattsalat • Käse	• Spargel in Vinaigrette • Lachsfilet auf Lauchbett (siehe S. 142) • Abgetropfter Quark, natur	• Tomaten mit Ziegenkäsefüllung (siehe S. 100) • Dorade andalusische Art (siehe S. 138) • Frische rote Beeren	• Avocado mit Thunfischfüllung (siehe S. 72) • Schweinefilet-Spieß mit Backpflaumen (siehe S. 184) • Aprikosenkuchen (siehe S. 248)
• Zucchini mit Krabbenfüllung (siehe S. 128) • Himbeer-Clafoutis (siehe S. 244)	• Spaghetti al dente mit Champignonpüree (pürierte Champignons, entrahmter Joghurt 0 % Fett, Gewürze) • Parmesan • Frische Himbeeren Kohlenhydrat-Eiweiß-Mahlzeit	• Auberginen-Omelett (siehe S. 192) • Bratapfel	• Chili vegetarisch (siehe S. 204) • Frisches Obst

WOCHE 8

■ Ratatouille (siehe S. 210)

■ Lachs-Tatar mit
   Ziegenfrischkäse
   (siehe S. 136)

■ Mozzarella-Tomaten
   (siehe S. 70)

	MONTAG	DIENSTAG	MITTWOCH
Frühstück	• Siehe S. 34	• Siehe S. 34	• Siehe S. 34
Mittagessen	• Champignonsalat • Grillsteak • Ratatouille (Rest am nächsten Tag kalt essen) (siehe S. 210) • Apfel	• Frisée-Salat mit Schinkenstreifen • Lachs-Tatar mit Ziegenfrischkäse (siehe S. 136) • Gedünstete Zucchini • Frische Himbeeren	• Mozzarella-Tomaten (siehe S. 70) • Kalbsschnitzel mit Paprika (siehe S. 174) • Grüner Blattsalat • Käse
Abendessen	• Paprika gefüllt mit Basmatireis (siehe S. 200) • Entrahmter Naturjoghurt Kohlenhydrat-Eiweiß-Mahlzeit	• Ratatouille kalt (siehe S. 210) • Spiegeleier • Pfirsich pochiert in Wein	• Spaghetti al dente und Tomatensauce mit Basilikum (siehe S. 218) • Apfelkompott, ungezuckert Kohlenhydrat-Eiweiß-Mahlzeit

■ Forelle in Weißwein (siehe S. 148)

■ Grüne-Linsen-Terrine (siehe S. 76)

■ Schokoladen-Parfait mit Himbeeren (siehe S. 236)

■ Pfirsich-Weißwein-Kaltschale (siehe S. 246)

DONNERSTAG	FREITAG	SAMSTAG	SONNTAG
• Siehe S. 34	• Siehe S. 34	• Siehe S. 34	• Siehe S. 34
• Lauch in Vinaigrette (siehe S. 94) • Forelle in Weißwein (siehe S. 148) • Brokkoli • Naturjoghurt	• Grüne-Linsen-Terrine (siehe S. 76) • Bouillabaisse Atlantik (siehe S. 129) • Salat • Käse	• Quinoa provenzalischer Art (siehe S. 106) • Rinderfilet auf Schalottenbett (siehe S. 186) • Grüner Blattsalat • Käse	• Frische Gurkensuppe mit Apfel (siehe S. 68) • Marinierte Scampi (siehe S. 118) • Pfirsich-Weißwein-Kaltschale (siehe S. 246)
• Gemüsesuppe (ohne Kartoffeln) • Auberginenscheiben überbacken (siehe S. 170) • Naturjoghurt	• Basmatireis mit Paprikasauce • Putenbrustfilet • Pochierte Birne Kohlenhydrat-Eiweiß-Mahlzeit	• Lachsfilet auf Lauchbett (siehe S. 142) • Schokoladen-Parfait mit Himbeeren (siehe S. 236)	• Vollkorn-Tagliatelle mit Tomatensauce Bolognese (siehe S. 216) • Magerquark, natur, mit Sojacreme

MENÜS
SPEZIELL
FÜR DIE FRAU

Berufstätige und die Mehrheit der Frauen, die die Mittagszeit nicht zu Hause verbringen, haben oft Mühe unterwegs oder an ihrem Arbeitsplatz gesundes Essen zu finden.

Einige haben zwar die Möglichkeit in einer Betriebskantine zu essen, aber die meisten der dort angebotenen Speisen stehen erfahrungsgemäß im Widerspruch zu den Empfehlungen der Montignac-Methode.

Die Nährstoffzusammensetzung ist oft unausgewogen und die Nahrungsmittel sind meist stark industriell verarbeitet. Zudem werden die Speisen oft zu lange warm gehalten und in vielen Fällen mit schlechten Fetten zubereitet.

Deshalb bevorzugen viele Frauen eine Lunch-Box, die sie zu Hause sorgfältig zusammenstellen. Dies ist einerseits preisgünstiger und andererseits kann das Nährstoffgleichgewicht besser erzielt werden, da man nicht in letzter Minute improvisieren muss.

Auf diese Weise können die Nahrungs-mittel sehr gut ausgewählt werden, um einer Gewichtszunahme vorzubeugen oder sogar abzunehmen.

Folgende Tabelle enthält Beispiele für einen Wochenplan, der die Vorlieben der meisten Frauen berücksichtigt.
• eher Fisch statt Fleisch
• eher weißes statt rotes Fleisch
• verschiedene Gemüse (roh und gekocht) sowie gute Kohlenhydrate mit einem niedrigen glykämischen Index

GUT ZU WISSEN

Die Mittagsmahlzeit kann kalt gegessen oder je nach Möglichkeit am Arbeitsplatz erhitzt werden.

Sie sollte eiweißreich sein und eher Kohlenhydrate enthalten. Kombiniert wird sie mit guten Fetten wie Olivenöl oder Fett aus Seefisch, wegen des Gehalts an Omega-3-Fettsäuren.

Menüs speziell für die Frau

■ Spaghetti und Tomatensauce mit Basilikum (siehe S. 218)

■ Quinoa-Taboulé (siehe S. 88)

■ Frische Himbeeren

	MONTAG	DIENSTAG	MITTWOCH
Frühstück	• Siehe S. 34	• Siehe S. 34	• Siehe S. 34
Mittagessen	• Tomatensalat • Gedämpfte Putenbrust • Brokkoli • Naturjoghurt	• Gurke mit Sojacreme • Gedämpftes Lachsfilet • Kichererbsen • Apfel	• Geraspelte Karotten mit Zitrone • Putenbrustfilet • Grüne Linsen • Frische Himbeeren
Abendessen	• Spaghetti und Tomatensauce mit Basilikum (siehe S. 218) • Apfelkompott, ungezuckert Kohlenhydrat-Eiweiß-Mahlzeit	• Quinoa-Taboulé (siehe S. 88) • Naturjoghurt	• Kohlsuppe (Kohl, Tomate, Sellerie, Gemüsebrühe) • zwei in der Kohlsuppe pochierte Eiweiß • Entrahmter Naturjoghurt Kohlenhydrat-Eiweiß-Mahlzeit

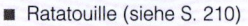

■ Ratatouille (siehe S. 210)

■ Grüne Linsen

■ Chili vegetarisch
(siehe S. 204)

■ Gemüse-Gratin
provenzalisch
(siehe S. 212)

DONNERSTAG	FREITAG	SAMSTAG	SONNTAG
• Siehe S. 34	• Siehe S. 34	• Siehe S. 34	• Siehe S. 34
• Rotkohlsalat • Hart gekochtes Ei • Ratatouille (siehe S. 210) • Frische Erdbeeren	• Sellerie in Remoulade (geraspelter Sellerie mit Joghurt 0 % Fettgehalt und Senf) • Thunfisch in Wasser • Grüne Bohnen • Naturjoghurt	• Avocado in Vinaigrette • Gefüllte Auberginen à la Provence (siehe S. 198) • Grüner Blattsalat • Apfel	• Griechischer Salat (Tomaten + Feta) • Dorade andalusische Art (siehe S. 138) • Gemüse-Gratin provenzalisch (siehe S. 212) • Käsekuchen (siehe S. 240)
• Quinoa provenzalischer Art (siehe S. 106) • Quark, natur, mit Sojacreme	• Grüne Linsen und Tomaten • Basmatireis • Entrahmter Naturjoghurt Kohlenhydrat-Eiweiß-Mahlzeit	• Chili vegetarisch (siehe S. 204) • Fruchtkompott (siehe S. 233) Kohlenhydrat-Eiweiß-Mahlzeit	• Lauchquiche (siehe S. 108) • Grüner Blattsalat • Pfirsich pochiert in Wein

100 REZEPTE

Alle Rezepte sind auf die Phase I
der Montignac-Methode abgestimmt.

Sie sind leicht und schnell zuzubereiten,
meist innerhalb von 15 bis 20 Minuten.

VORSPEISEN

Avocado-Krabben-Cremesuppe

Für 4 Personen

🟨 **Zubereitungszeit**
20 Minuten

🟨 **Kühlzeit**
1 Stunde

🟨 **Zutaten**
3 Avocados
Saft einer Limette
1 kleine Schalotte
2 EL Crème fraîche (15 % Fett)
   oder Sojacreme
1 EL Tomatenmark
1 Spritzer Worcestershire-Sauce
500 ml Gemüsebrühe, kalt,
1 Messerspitze Cayennepfeffer
200 g Krabben frisch oder
   aus der Dose
Paprika, edelsüß
½ Bund Schnittlauch
Meersalz, Pfeffer

Avocados halbieren und entsteinen. Avocadohälften in den Mixer geben. Zitronensaft zufügen und zu einer cremigen Masse verarbeiten.

Schalotten hacken und Crème fraîche oder Sojacreme, Tomatenmark, Worcestershire-Sauce und Hühnerbrühe dazu geben. Mit Cayennepfeffer, Salz und Pfeffer würzen. Das Ganze noch einmal gut durchmixen, um eine gleichmäßige Cremesuppe zu erhalten.

Mindestens 1 Stunde in den Kühlschrank stellen.

Krabben abtropfen lassen und bei frischen Krabben die Schale entfernen. Krabbenfleisch zerkleinern.

Schnittlauch waschen, abtropfen und fein schneiden.

Avocado-Cremesuppe in Schälchen geben und mit den Krabbenstücken garnieren.

Fein geschnittenen Schnittlauch darüber geben und mit Paprika bestreut servieren.

Gurkencremesuppe mit Garnelen

Für 4 Personen

■ **Zubereitungszeit**
20 Minuten

■ **Zutaten**
2 Salatgurken
2 Schalotten
500 ml Gemüsebrühe, kalt
400 g Sojacreme oder
   Crème fraîche (15 %)
16 Garnelen, gegart
1 TL Paprikagewürz
½ Bund Schnittlauch
Meersalz, Pfeffer

Schalotten schälen und klein schneiden.

Gurken schälen und der Länge nach aufschneiden. Kerne entfernen. Fruchtfleisch in Stücke schneiden und mit den Schalotten in den Mixer geben.

Gemüsebrühe und Crème fraîche oder Sojacreme hinzufügen. Salzen und pfeffern.

So lange mixen, bis eine glatte Masse entsteht. Kühl stellen.

Garnelen schälen und mit reichlich Paprika bestäuben.

Schnittlauch waschen, abtropfen lassen, fein schneiden.

Gurkencreme noch einmal gut durchmixen und anschließend in Schälchen füllen. Garnelen darauf verteilen. Mit Paprika und Schnittlauch garnieren.

Avocadosuppe

Für 4 Personen

■ **Zubereitungszeit**
10 Minuten
■ **Garzeit**
5 Minuten

■ **Zutaten**
2 Avocados
Saft einer ½ Zitrone
1 große Zwiebel
1 EL Olivenöl
250 ml Sojacreme oder fettarme
   Crème fraîche (15 % Fett)
einige Basilikumblätter
Meersalz, Pfeffer

Avocados halbieren, entsteinen und das Fruchtfleisch mit einem Teelöffel herauslösen. Die Avocadostücke mit Zitronensaft beträufeln. Mit einer Gabel pürieren und beiseite stellen.

Zwiebel schälen und fein hacken.

Einen Esslöffel Olivenöl in einer antihaftbeschichteten Pfanne erhitzen und Zwiebelstücke darin glasig dünsten. Salzen und pfeffern.

Avocadopüree zufügen und bei geringer Wärmezufuhr so lange erhitzen, bis eine cremige Masse entsteht.

Abkühlen lassen. Sojacreme zufügen.

In Suppenteller oder Schälchen geben und mit einigen Basilikumblättern garnieren.

Kalt servieren.

Brokkolisuppe

Für 4 Personen

■ **Zubereitungszeit**
20 Minuten
■ **Garzeit**
15 Minuten
■ **Kühlzeit**
2 Stunden

■ **Zutaten**
1 große Zwiebel
2 EL Olivenöl
500 ml Gemüsebrühe, kalt
500 g Brokkoli
1 Bund Schnittlauch, gehackt
50 g Champignons in Scheiben
200 g Sojacreme oder fettarme
   Crème fraîche (15 % Fett)
einige Walnusskerne
Muskatnuss, gerieben
Meersalz, Pfeffer

Zwiebel schälen und in dünne Scheiben schneiden.

Olivenöl in einem Schmortopf erhitzen und
Zwiebelscheiben darin glasig dünsten.

Gemüsebrühe zufügen und zum Kochen bringen.

Brokkoli in Stücke schneiden und dazugeben. Bei mittlerer
Hitze abgedeckt 5 Minuten kochen lassen.

Gehackten Schnittlauch und Champignons hineingeben.
Salzen und pfeffern.

Suppe in einen Mixer gießen und zu einer sämige Masse
verarbeiten. Abkühlen lassen und mindestens 2 Stunden
in den Kühlschrank stellen.

Vor dem Servieren die Sojacreme unterrühren.
Suppe in Schälchen verteilen und Walnusskerne sowie
etwas geriebene Muskatnuss darüber geben.

Frische Gurkensuppe mit Apfel

Für 4 Personen

■ **Zubereitungszeit**
15 Minuten
■ **Kühlzeit**
5 Stunden

■ **Zutaten**
5 Äpfel (Granny Smith)
2 Salatgurken
1 Bio-Limette
5 kleine Zwiebeln, gehackt
1 Stängel Fenchelgrün
8 Stängel frischer Koriander
2 Stängel Dill
3 EL Olivenöl, kaltgepresst
Cayennepfeffer
Meersalz, Pfeffer

Äpfel schälen, vierteln und das Kerngehäuse entfernen.

Salatgurken schälen, halbieren und entkernen.
Fenchelgrün waschen und trockentupfen.
Gurke in Würfel und Fenchelgrün klein schneiden.

Mit einem Zestenreißer 8 dünne Streifen von der
Limettenschale abziehen und beiseite stellen.
Limette auspressen.

Apfel-, Gurken- und Fenchelstücke, die gehackten
Zwiebeln, Limettensaft, 6 Korianderstängel, 1 Dillstängel,
2 Esslöffel Olivenöl und 2–3 Prisen Cayennepfeffer in den
Mixer geben. So lange mixen, bis eine gleichmäßige Masse
entsteht. Salzen und pfeffern.

Suppe mindestens 5 Stunden in den Kühlschrank stellen.

Vor dem Servieren mit einigen Tropfen Olivenöl beträufeln.
Mit den Limettenzesten und den restlichen Kräutern
garniert servieren.

Mozzarella-Tomaten

Für 4 Personen

■ **Zubereitungszeit**
5 Minuten

■ **Zutaten**
4 große Tomaten
250 g Mozzarella
125 g Pesto
2 EL Olivenöl
einige frische Basilikumblätter
Meersalz, Pfeffer aus der Mühle

Die Tomaten waschen, abtropfen lassen und mit einem Küchenkrepp trockentupfen.

Jede Tomate in 4 Scheiben schneiden.

Mozzarella in 12 Scheiben schneiden.

Pro Portion jeweils zwischen 4 Tomatenscheiben ein wenig Pesto und eine Mozzarellascheibe im Wechsel einschichten. Salzen und mit frisch gemahlenem Pfeffer würzen.

Mit dem Olivenöl beträufeln und mit Basilikumblättern garniert servieren.

Avocado mit Thunfischfüllung

Für 4 Personen

🟨 **Zubereitungszeit**
15 Minuten

🟨 **Kühlzeit**
1 Stunde

🟨 **Zutaten**
1 kleine Selleriestange
1 kleine Dose Thunfisch in
Wasser (140 g)
1 hart gekochtes Ei
2 Avocados
Saft einer Limette
1 Schalotte, gehackt
4 schwarze Oliven, gehackt
Meersalz, Pfeffer

🟨 **Für die Mayonnaise**
1 Eigelb
100 ml Olivenöl, kaltgepresst
1 TL Zitronensaft, frisch gepresst
½ TL Dijon-Senf
Meersalz, Pfeffer

Selleriestange putzen, waschen und fein hacken.

Den Thunfisch in ein Sieb geben und das Wasser abtropfen lassen.

Das gekochte Ei fein hacken.

Avocados halbieren, den Stein entfernen und das Fruchtfleisch mit Zitronensaft beträufeln. Fruchtfleisch herauslösen, ohne die Schale zu beschädigen. In eine Schüssel geben und beiseite stellen.

Für die Mayonnaise Eigelb, Senf, Zitronensaft, Pfeffer und Salz in den Mixer geben und das Olivenöl nach und nach langsam zufügen, bis eine sämige Masse entsteht.

Avocado-Fruchtfleisch mit einer Gabel zerdrücken und Thunfisch, Schalotten-, Ei-, Sellerie- und Olivenstücke sowie 2 Esslöffel Mayonnaise zufügen. Salzen, pfeffern.

Mischung in die Avocado-Schalen füllen und vor dem Servieren mindestens 1 Stunde in den Kühlschrank stellen.

✳ Die restliche Mayonnaise ist im Kühlschrank in einem luftdicht verschlossenen Behälter etwa eine Woche haltbar.

Chicorée mit Roquefort

Für 4 Personen

■ **Zubereitungszeit**
10 Minuten

■ **Zutaten**
5 Stängel Schnittlauch
5 Radieschen
150 g Roquefort
100 g Ziegenfrischkäse
2 Chicoréestauden
Pfeffer

Schnittlauch waschen, abtropfen lassen und fein schneiden.

Radieschen waschen, putzen und fein hacken.

Schnittlauch und Radieschen in eine Schüssel geben. Roquefort und Ziegenfrischkäse zufügen und mit der Gabel vermengen. Pfeffern.

Chicorée waschen, putzen, trockentupfen und die einzelnen Blätter abtrennen. Käse-Creme auf den Chicoréeblättern anrichten.

Gurke mit Sardellen

Für 4 Personen

■ **Zubereitungszeit**
15 Minuten
■ **Garzeit**
6 Minuten

■ **Zutaten**
8 Wachteleier
1 Salatgurke
100 g Sardellen (Dose)

Wachteleier 6 Minuten in kochendem Wasser hart kochen. Mit kaltem Wasser abschrecken. Eier schälen und halbieren.

Salatgurke der Länge nach aufschneiden und die Kerne entfernen. Gurke in 3 cm lange Stücke schneiden.

Wachteleierhälften mit der Wölbung nach oben auf einen Teller legen. Einen Zahnstocher in die Mitte einstechen und Gurkenstücke sowie Sardellen aufpieksen.

Tortilla mit Thunfisch

Für 4 Personen

■ **Zubereitungszeit**
15 Minuten
■ **Garzeit**
40 Minuten
■ **Kühlzeit**
3 Stunden

■ **Zutaten**
1 Dose Thunfisch
   in Wasser (120 g)
12 schwarze Oliven
75 g Naturjoghurt
1 EL Tomatenmark
3 Eier
Olivenöl zum Einölen
Meersalz, Pfeffer

Den Backofen auf 180 °C vorheizen.

Thunfisch über einem Sieb abtropfen lassen und mit einer Gabel zerteilen.

Die schwarzen Oliven fein hacken.

Joghurt und Tomatenmark in eine Schüssel geben und miteinander vermengen.

Eier aufschlagen, in eine Schüssel geben und gut verquirlen. Thunfischstücke, gehackte schwarze Oliven und Joghurtmischung zufügen. Salzen und pfeffern.

In eine geölte Auflaufform geben. Auflaufform in eine mit heißem Wasser gefüllte große ofenfeste Form stellen und etwa 40 Minuten im Backofen im Wasserbad garen.

Abkühlen lassen und etwa 3 Stunden in den Kühlschrank stellen. Tortilla in 2 cm große Würfel schneiden und mit einem Holzstäbchen aufspießen.

Grüne-Linsen-Terrine

Für 6 Personen

🟨 **Einweichzeit**
1 Stunde

🟨 **Zubereitungszeit**
15 Minuten

🟨 **Garzeit**
45 Minuten

🟨 **Kühlzeit**
5 Stunden

🟨 **Zutaten**
125 g grüne Berglinsen
1 Zwiebel
Thymian
2 Lorbeerblätter
4 Blatt Gelatine
  (oder 4 g Agar-Agar)
2 Tomaten
1 EL Schnittlauch

🟨 **Für die Sauce**
1 TL Dijon-Senf
1 EL Essig
3 EL Olivenöl
1 Schalotte, gehackt
1 EL Petersilie, gehackt
Meersalz, Pfeffer

Linsen 1 Stunde in kaltem Wasser einweichen.

Zwiebel schälen und in feine Scheiben schneiden.

Ein Liter Wasser in einem Topf erhitzen.
Zwiebelscheiben, Thymian und Lorbeerblätter hineingeben
und etwa 15 Minuten kochen.

Linsen dazugeben und gar kochen. Leicht salzen,
Lorbeerblätter entfernen. Zwei Drittel des Kochwassers
abgießen.

Gelatine in kaltem Wasser einweichen. Gelatineblätter
abtropfen lassen und zu den Linsen geben.
Gut vermengen.

Die Linsen in eine mit Frischhaltefolie ausgelegte
Auflaufform geben und mindestens 5 Stunden in den
Kühlschrank stellen.

Sauce zubereiten: In einer Schüssel Senf und Essig
verrühren, Olivenöl, gehackte Schalotte sowie gehackte
Petersilie zufügen. Salzen und pfeffern.

Terrine auf eine Platte stürzen und in Scheiben schneiden.
Mit Tomatenwürfeln und fein geschnittenem Schnittlauch
garnieren und mit der Sauce beträufeln.

Gänseleber-Terrine

Für 6 Personen

▶ Am Vorabend zubereiten

■ **Zubereitungszeit**
1 Stunde
■ **Garzeit**
1 Stunde
■ **Kühlzeit**
24 Stunden

■ **Zutaten**
600 g Gänseleber
Meersalz, Pfeffer
1 EL getrocknete Kräuter:
　Majoran, Basilikum, Thymian
Muskatnuss, gerieben
100 ml Armagnac oder Cognac

▶ Gänseleber mindestens 2 Stunden vor dem Marinieren aus dem Kühlschrank nehmen. Waschen und mit einem Küchenkrepp abtupfen.
Vorsichtig die Adern, Sehnen und Nerven heraustrennen.

In einer Schüssel Salz, Pfeffer, getrocknete Kräuter, 1 Prise Muskatnuss und Armagnac zu einer Marinade verrühren.

Leber in die Schüssel geben und mit einem Pinsel mehrmals von allen Seiten mit der Marinade bestreichen. Über Nacht abgedeckt in den Kühlschrank stellen.

Gänseleber 2 Stunden vor der Zubereitung aus dem Kühlschrank nehmen. Leber in eine Terrinenform geben.

Den Backofen auf 110 °C vorheizen (keine Umluft).

Wasser zum Kochen bringen und in das Fettauffangblech im Backofen geben. Die Terrine im Wasserbad etwa 50–60 Minuten garen.

Terrine aus dem Ofen nehmen und abkühlen lassen.

Im Kühlschrank abgedeckt mindestens 12 Stunden kühlen.

Entenbrust-Tatar

Für 4 Personen

■ **Zubereitungszeit**
20 Minuten

■ **Kühlzeit**
1 Stunde

■ **Zutaten**
2 Schalotten
3 Cornichons
10 Stängel Schnittlauch
2 Entenbrüste, sehr frisch
3 EL Olivenöl
½ TL schwarzer Pfeffer, frisch
 gemahlen
1 EL Balsamico-Essig
1 Eigelb
1 Packung Brunnenkresse
1 EL glatte Petersilie
Meersalz

Die Schalotten schälen und fein hacken.

Cornichons und Schnittlauch fein hacken.

Haut und Fettschicht der Entenbrüste entfernen. Die Entenbrüste in kleine Stücke schneiden. (Eventuell kurz in wenig Olivenöl von allen Seiten anbraten.)

Olivenöl, gehackte Schalotten, Cornichons, Schnittlauch, Pfeffer, Salz, Balsamico-Essig und Eigelb in eine große Schüssel geben und mit einem Schneebesen verquirlen.

Entenbruststücke zugeben und gut vermengen.
Mindestens 1 Stunde in den Kühlschrank stellen.

Vor dem Servieren in Portionsschälchen füllen, in die Mitte eines Tellers stürzen und mit Kresse umlegen.

Mit Petersilie garnieren und mit ein wenig Sauce aus Olivenöl und Balsamico-Essig beträufeln.

Dazu passt hervorragend grüner oder gemischter Salat.

Thunfisch-Tatar à l'aioli

Für 4 Personen

■ **Zubereitungszeit**
30 Minuten

■ **Zutaten**
4 Knoblauchzehen
1 Eigelb
100 ml Olivenöl
600 g Thunfischfilet, sehr frisch
Saft von 3 Zitronen
1 grüne Paprikaschote
4 Schalotten
1 Bund Schnittlauch
1 grüner Blattsalat
12 Cocktail-Tomaten
12 grüne Oliven, entsteint
Meersalz, Pfeffer

Knoblauchzehen schälen und im Mixer zu Püree verarbeiten. Eigelb und eine Prise Salz und Pfeffer dazugeben. Olivenöl nach und nach langsam zufügen und zu einer sämigen Masse verarbeiten.

Fertiges Aioli in eine Schüssel füllen und zur Seite stellen.

Thunfisch mit Küchenkrepp abtupfen und in kleine Stücke schneiden. Mit Zitronensaft beträufeln. Salzen, pfeffern und vermengen. In den Kühlschrank stellen.

Paprikaschote waschen, halbieren, entkernen und in kleine Würfel schneiden.
Schalotten schälen und fein hacken.
Schnittlauch waschen, abtropfen lassen und in kleine Röllchen schneiden.

Paprikastreifen, gehackte Schalotten und Schnittlauchröllchen zum Thunfisch geben. Eventuell nachwürzen.

Thunfisch-Tatar in eine Tasse füllen und anschließend auf einen mit Blattsalat ausgelegten Teller stürzen.

Mit halbierten Cocktail-Tomaten und Oliven garnieren und mit dem Aioli servieren.

Lachs in Dillmarinade

Für 4 Personen

▶ 36 Stunden vorher zubereiten

■ **Zubereitungszeit**
20 Minuten

■ **Marinierzeit**
36 Stunden

■ **Zutaten**
1 kg Lachsfilet mit Haut
4 EL Salz
2 EL Fruchtzucker
2 TL weißer Pfeffer, frisch
  gemahlen
1 Bund Dill, gehackt (8 EL)

■ **Für die Sauce**
Saft von ½ Zitrone
3 EL Olivenöl
Meersalz, Pfeffer

▶ Eventuell vorhandene Gräten des Lachsfilets mit einer Pinzette entfernen.

Salz, Fruchtzucker und Pfeffer in einer großen Schüssel vermengen. Lachs hinzugeben und die Würzmischung gleichmäßig verteilen. Eventuell mit den Fingern etwas einmassieren. Darüber eine Schicht gehackten Dill geben.

Die Schüssel mit Frischhaltefolie abdecken und den Lachs 36 Stunden im Kühlschrank beizen, alle 12 Stunden wenden.

Gewürze entfernen und den Lachs in dünne Scheiben schneiden.

Eine Sauce aus Zitronensaft, 3 Esslöffeln Olivenöl, Salz und Pfeffer zubereiten.

Teller mit den Lachsscheiben auslegen und die Sauce mit einem Pinsel darauf verteilen.

Mit Dill bestreut servieren.

Feinschmecker-Salat

Für 4 Personen

🟨 **Zubereitungszeit**
20 Minuten

🟨 **Garzeit**
15 Minuten

🟨 **Zutaten**
1 kleine Dose gegarter
   Entenmagen
100 g Feldsalat
100 g frische Spinatblätter
4 große Champignons
4 frische Feigen
100 g Entenleber
100 g Entenbrustscheiben,
   geräuchert
100 g roher Schinken
50 g Pinienkerne
1 Bund Kerbel
Sauce aus Olivenöl und
   Balsamico-Essig (siehe S. 94)

Dose mit eingemachtem Entenmagen öffnen.
Das Fett mit einem Küchenkrepp entfernen.
Oder die Dose bei 100 °C im Ofen etwa 15 Minuten
erhitzen und anschließend das Fett abgießen.

Feldsalat putzen und gut waschen. Spinatblätter waschen.
Feldsalat und Spinat trockenschleudern. Beiseite stellen.

Champignons waschen und trockentupfen.
Die erdigen Stielansätze abschneiden. Haut abziehen
und Champignons in dünne Scheiben schneiden.

Feldsalat und Spinat auf vier Teller geben. Feigen vierteln
und mit den Champignonscheiben auf dem Salat verteilen.

Entenleber mit einem scharfen Messer in dünne Scheiben
schneiden.

Kerbelblätter von den Stängeln abstreifen.

Entenbrustscheiben, Entenleber, Entenmagen, Schinken,
Pinienkerne und Kerbelblätter gleichmäßig auf die Teller
verteilen. 1 ½ Esslöffel Salatsauce darüber geben.

Spinatsalat Sevilla

Für 4 Personen

🟨 **Zubereitungszeit**
25 Minuten

🟨 **Garzeit**
10 Minuten

🟨 **Zutaten**
1 kg frischer Spinat
Olivenöl
4 Knoblauchzehen, gehackt
1 TL Paprika, edelsüß
1 TL Kümmel, gemahlen
350 g gekochte Kichererbsen
  (etwas Kochflüssigkeit
  aufbewahren)
einige Tropfen Balsamico-Essig
2 Eier, hart gekocht, gehackt
Meersalz, Pfeffer

Spinat waschen und die Stiele entfernen.

Kurz mit kochendem Wasser überbrühen und anschließend über einem Sieb abtropfen lassen.

Etwas Olivenöl in einer antihaftbeschichteten Pfanne erhitzen und den gehackten Knoblauch darin andünsten.

Paprika und Kümmel zufügen. Gut vermengen.

Spinat, Kichererbsen, einige Tropfen Essig und etwas von der Kochflüssigkeit hinzufügen. 3–5 Minuten unter ständigem Rühren dünsten.

Salzen und pfeffern.

Auf tiefe Teller verteilen.

Mit einigen Tropfen Olivenöl beträufeln, gehackte Eier darüber geben und servieren.

Quinoa-Taboulé

Für 4 Personen

🟨 **Zubereitungszeit**
20 Minuten
🟨 **Marinierzeit**
25 Minuten
🟨 **Garzeit**
4 Minuten

🟨 **Zutaten**
100 g Quinoa
3 Bund glatte Petersilie
1 Bund frische Minze
4 Tomaten
3 Frühlingszwiebeln
Saft von 3 Limetten
4 EL Olivenöl
Meersalz, Pfeffer

Quinoa in ein Sieb geben und unter fließendem kalten Wasser abspülen.

In einem Kochtopf reichlich Wasser zum Kochen bringen. Quinoa zufügen, salzen und 3 Minuten abgedeckt kochen. Herd abschalten und mit der Restwärme 10 Minuten ziehen lassen. Über einem Sieb abgießen.

Petersilie und Minze waschen. Blätter von den Stielen abzupfen, trockentupfen und sehr fein hacken.

Tomaten etwa 1 Minute in kochendes Wasser legen, anschließend mit kaltem Wasser abschrecken. Haut abziehen, vierteln, Kerne entfernen und klein schneiden.

Frühlingszwiebeln in sehr dünne Ringe schneiden.

Zitronensaft und Olivenöl in eine Salatschüssel geben. Salzen, pfeffern. Quinoa zufügen und gut vermengen. 15 Minuten ziehen lassen.

Petersilie, Minze, Tomatenstücke und Zwiebelringe zufügen und vermengen.

⭐ Quinoa-Taboulé kann sofort oder gekühlt serviert werden.

Thunfisch-Salat

Für 4 Personen

🟨 **Zubereitungszeit**
20 Minuten

🟨 **Garzeit**
10 Minuten

🟨 **Zutaten**
2 Eier
1 Eigelb
3 Schalotten
200 g Thunfisch in Wasser, Dose
1 EL Dijon-Senf
4 EL Olivenöl
Saft einer Zitrone
2 EL Schnittlauch, gehackt
150 ml Sojacreme oder fettarme
   Crème fraîche (15 % Fett)
Meersalz, Pfeffer

Die Eier 10 Minuten in kochendem Wasser garen. Mit kaltem Wasser abschrecken, Schale entfernen und fein hacken.

Schalotten schälen und klein schneiden.

Thunfisch in ein Sieb geben und abtropfen lassen. Mit der Gabel zerkleinern.

Olivenöl, Senf und das Eigelb in eine Salatschüssel geben. Mit einem Schneebesen so lange schlagen bis eine Mayonnaise entsteht.

Thunfischstücke, gehackte Eier, Zitronensaft, Schalotten-stücke, gehackten Schnittlauch und Sojacreme zufügen. Salzen, pfeffern. Vermengen und bis zum Servieren kühlen.

Auf einem Salatbett oder Tomatenscheiben servieren.

Ziegenkäsecreme auf Rucola

Für 4 Personen

■ **Zubereitungszeit**
20 Minuten

■ **Kühlzeit**
2 Stunden

■ **Zutaten**
350 g Ziegenfrischkäse
250 g Schlagsahne, kalt
100 g Rucola
100 g Spinatblätter
1 EL frischer Kerbel, gehackt
1 EL frische Petersilie, gehackt
1 EL frischer Estragon, gehackt
120 ml Olivenöl
Vinaigrette aus Olivenöl und
   Balsamico-Essig (siehe S. 94)
2 TL Tapenade
Meersalz, frisch gemahler Pfeffer

Ziegenfrischkäse über einem Sieb abtropfen lassen.

Sahne steif schlagen und kühl stellen.

Rucola und Spinatblätter waschen und trockenschleudern.

In einer großen Schüssel Ziegenkäse, Kräuter und Olivenöl mit dem Handrührgerät vermengen. Salzen und pfeffern. So lange rühren, bis eine gleichmäßige Creme entsteht.

Sahne vorsichtig mit einem Teigschaber unterheben.

Ziegenkäsecreme in vier zuvor mit Olivenöl eingefettete Auflaufförmchen füllen und etwa 2 Stunden kühl stellen.

Salatblätter auf vier Teller verteilen und 1–2 Teelöffel Vinaigrette darüber geben.

Je ein Förmchen Ziegenkäse auf das Salatbett stürzen.

Tapenade mit 1–2 Esslöffeln Olivenöl verrühren und über die Ziegenkäsecreme geben.

Mit je einer Prise frisch gemahlenem Pfeffer aus der Mühle würzen und servieren.

Lauch in Vinaigrette

Für 4 Personen

■ **Zubereitungszeit**
5 Minuten
■ **Garzeit**
20 Minuten
■ **Kühlzeit**
1 Stunde

■ **Zutaten**
8 Stangen Lauch
2 Stängel glatte Petersilie
   zur Garnierung

■ **Für die Sauce**
1 TL scharfer Senf
1 EL Balsamico-Essig
4 EL Olivenöl
½ TL Knoblauch, granuliert
Meersalz, Pfeffer

Wurzelenden und grüne Teile des Lauchs entfernen. Äußere Schicht abziehen und unter fließendem kaltem Wasser gründlich waschen, hierzu eventuell den Lauch der Länge nach etwas einritzen, um Erdreste abzuspülen.

Reichlich Wasser in einem großen Kochtopf erhitzen und eine Prise Salz zufügen. Die ganzen weißen Lauchstücke hineingeben und in 15–20 Minuten bissfest garen.

Über einem Sieb abgießen, abtropfen und abkühlen lassen. Mindestens 1 Stunde in den Kühlschrank stellen.

Eine Sauce aus den aufgeführten Zutaten zubereiten.

Petersilie waschen, abtropfen lassen und trockentupfen. Von den Stängeln zupfen.

Lauch der Länge nach durchschneiden. Auf Teller verteilen. Mit Sauce überziehen und mit Petersilie garniert servieren.

Spaghetti-Salat mit Muscheln

Für 4 Personen

▶ Am Vortag zubereiten

■ **Zubereitungszeit**
20 Minuten
■ **Garzeit**
15 Minuten

■ **Zutaten**
250 g Spaghetti
2 EL Olivenöl
1 kg Miesmuscheln
4 Schalotten, gehackt
200 ml Weißwein, trocken
1 Bund glatte Petersilie
Pfeffer

■ **Für die Sauce**
3 EL Olivenöl
½ EL Balsamico-Essig
1 Messerspitze Curry
Meersalz, Pfeffer

▶ Am Vortag Spaghetti in einem großen Topf in reichlich Salzwasser 5 Minuten kochen. Über einem Sieb abgießen, gut abtropfen und abkühlen lassen. Spaghetti in einer luftdicht verschließbaren Schüssel mit 1 Esslöffel Olivenöl vermengen. Über Nacht in den Kühlschrank stellen.

Die Muscheln sorgfältig putzen. Etwas Olivenöl in einer großen Kasserolle erhitzen und Schalotten darin glasig dünsten. Pfeffern. Weißwein zufügen und 1 Minute kochen.

Muscheln zugeben und 3–5 Minuten abgedeckt kochen, bis sie komplett geöffnet sind. Über einem Sieb abgießen, kurz mit kaltem Wasser abspülen und abkühlen lassen.

Aus Olivenöl, Essig, Curry, Salz und Pfeffer eine Sauce zubereiten.

Das Muschelfleisch aus den Schalen lösen.

Spaghetti auf Teller verteilen. Muscheln darüber geben. Mit Sauce überziehen und mit Petersilie garniert servieren.

✳ Das Abkühlen im Kühlschrank senkt den glykämischen Index der gekochten Spaghetti. In Phase II können die Spaghetti am selben Tag für den Salat verwendet werden.

Gourmet-Salat

Für 4 Personen

🟨 **Zubereitungszeit**
15 Minuten

🟨 **Garzeit**
10 Minuten

🟨 **Zutaten**
300 g frische grüne Bohnen
100 g frische Champignons
Saft einer Zitrone
20 Scheiben Entenbrust,
   geräuchert
50 g Sardellenfilets
   in Olivenöl (Dose)
40 g Pinienkerne
1 Bund Schnittlauch,
   fein geschnitten
4 Stängel glatte Petersilie

🟨 **Für die Sauce**
1 TL Dijon-Senf
1 EL Balsamico-Essig
2 Knoblauchzehen, gehackt
3 EL Olivenöl
Meersalz, Pfeffer

Bohnen putzen, eventuell Fäden entfernen und halbieren.

2 Liter Wasser in einem Topf zum Kochen bringen.

Grüne Bohnen hineingeben und etwa 10 Minuten bei mittlerer Hitze garen. Über einem Sieb abgießen, kurz mit kaltem Wasser abspülen und abtropfen lassen. Eventuell mit Küchenkrepp trockentupfen.

Champignons vom erdigen Stielansatz befreien, waschen und putzen. Über einem Sieb abtropfen lassen und trockentupfen. In feine Scheiben schneiden und mit dem Zitronensaft beträufeln.

Die Sauce in einer großen Salatschüssel aus den aufgeführten Zutaten anrühren.

Grüne Bohnen und Champignons dazugeben und gut miteinander vermengen.

Salat auf vier großen Tellern anrichten. Geräucherte Entenbrustscheiben, Sardellen und Pinienkerne gleichmäßig darauf verteilen. Mit Schnittlauch bestreuen und mit Petersilie garniert servieren.

Zucchini-Schnitten

Für 4 Personen

🟨 **Zubereitungszeit**
15 Minuten
🟨 **Garzeit**
8 Minuten

🟨 **Zutaten**
2 große Zucchini
8 EL Olivenöl
375 g Mozzarella
2 Knoblauchzehen
1 EL Balsamico-Essig
Kräuter der Provence
Meersalz, Pfeffer

Zucchini waschen und die Enden abschneiden. Der Länge nach in etwa 0,5 cm dünne Scheiben schneiden.

In einer großen antihaftbeschichteten Pfanne 4 Esslöffel Olivenöl erhitzen und die Zucchinischeiben bei geringer Hitze darin anbräunen. Anschließend überschüssiges Olivenöl mit einem Küchenkrepp abnehmen.

Mozzarella in ein Sieb geben und gut abtropfen lassen. In feine Scheiben schneiden, salzen und pfeffern.

Knoblauchzehen schälen und pressen.

In einer Schüssel Balsamico-Essig, 4 Esslöffel Olivenöl und gepressten Knoblauch verrühren. Salzen, pfeffern.

Zucchini- und Mozzarellascheiben auf vier Tellern abwechselnd übereinander schichten.

Sauce darüber geben und mit je einer Prise Kräuter der Provence bestreuen.

Tomaten mit Ziegenkäsefüllung

Für 4 Personen

🟨 **Zubereitungszeit**
10 Minuten

🟨 **Garzeit**
30–40 Minuten

🟨 **Zutaten**
8 Tomaten, mittelgroß
300 g Ziegenfrischkäse
4 EL Olivenöl
einige Basilikumblätter
Meersalz, Pfeffer

Den Backofen auf 180 °C vorheizen.

Tomaten waschen, oben einen kleinen Deckel abschneiden und das Fruchtfleisch mit einem Teelöffel entfernen.

Tomaten mit der Öffnung nach unten in einem Sieb gut abtropfen lassen.

Ziegenfrischkäse in einer Schüssel mit 4 Esslöffeln Olivenöl verrühren, bis eine glatte Masse entsteht. Salzen, pfeffern.

Die Tomaten mit dem Ziegenfrischkäse füllen, den Deckel auf die Tomaten legen und im vorgeheizten Backofen bei 180 °C etwa 30–40 Minuten garen.

Gefüllte Tomaten aus dem Backofen nehmen und auf einem Salatbett anrichten.

Mit Basilikumblättern garnieren und sofort servieren.

Gefüllte Paprika
mit Schafskäse

Für 4 Personen

🟨 **Zubereitungszeit**
20 Minuten
🟨 **Garzeit**
40 Minuten

🟨 **Zutaten**
4 rote Paprikaschoten
4 kleine Tomaten
3 Schalotten, gehackt
4 EL Olivenöl
3 Knoblauchzehen, gehackt
100 g grüne Oliven, entsteint
100 g schwarze Oliven, entsteint
300 g Schafsfrischkäse
1 EL Petersilie, gehackt
1 TL frischer Thymian, gehackt
Meersalz, Pfeffer

Den Backofen auf 200 °C vorheizen.

Paprikaschoten waschen, der Länge nach halbieren und
das Innere entfernen, trockentupfen.

Tomaten etwa 1 Minute in kochendes Wasser legen.
Mit kaltem Wasser abschrecken und die Haut abziehen.
Die Tomaten halbieren, entkernen und in kleine Würfel
schneiden.

In einer Kasserolle 2 Esslöffel Olivenöl erhitzen und
gehackte Schalotten darin glasig dünsten. Gehackten
Knoblauch zufügen und kurz mitdünsten.

Die grünen und schwarzen Oliven hacken.

Schafskäse mit der Gabel in einer Schüssel zerdrücken.
1 Esslöffel Olivenöl, Tomatenstücke, gedünstete Schalotten
und Knoblauch sowie gehackte Oliven, Petersilie und
Thymian zufügen. Salzen, pfeffern.

Die Paprikahälften mit der Schafskäse-Mischung füllen.

Eine Auflaufform mit etwas Olivenöl einfetten. Gefüllte
Paprikahälften hineingeben und im vorgeheizten Backofen
bei 200 °C etwa 30 Minuten garen.

Zucchini-Gratin griechischer Art

Für 4 Personen

🟨 **Zubereitungszeit**
5 Minuten

🟨 **Garzeit**
55 Minuten

🟨 **Zutaten**
1,2 kg Zucchini
200 g Feta-Käse
3 Eier
60 g Parmesan, gerieben
Olivenöl zum Einölen der Form
Meersalz, Pfeffer

Den Backofen auf 160 °C vorheizen.

Zucchini waschen und die Enden abschneiden.

Wasser in einem großen Topf zum Kochen bringen, salzen und Zucchini im Ganzen darin etwa 5 Minuten kochen. Zucchini über einem Sieb abgießen und abtropfen lassen.

Von den Zucchini einige Scheiben abschneiden und diese beiseite stellen. Restliche lauwarme Zucchini würfeln, in ein Sieb geben und gut abtropfen lassen.

Feta-Käse auf einem Teller mit der Gabel zerdrücken.

In einer großen Schüssel Eier mit dem Schneebesen verquirlen. Zerdrückten Feta-Käse und geriebenen Parmesan zufügen. Salzen, pfeffern und gut verrühren. Die Zucchiniwürfel dazugeben.

Zucchini-Käse-Masse in eine geölte Auflaufform geben und mit den Zucchinischeiben belegen.

Im vorgeheizten Backofen etwa 40 Minuten bei 160 °C goldbraun backen.

⭐ Dieses Gericht eignet sich auch als Beilage.

Quinoa provenzalischer Art

Für 6 Personen

■ Zubereitungszeit
25 Minuten
■ Garzeit
35 Minuten

■ Zutaten
200 g Quinoa
440 g grüne Bohnen, extra fein
  (Dose)
400 g Tomaten, geschält
  (Dose)
2 Zwiebeln, gehackt
3 Knoblauchzehen, gehackt
Olivenöl
2 TL Tomatenmark
200 ml Gemüsebrühe
1 Prise Koriander, gemahlen
½ Bund frische Minze
Meersalz, Pfeffer

Quinoa in ein Sieb geben und mit kaltem Wasser abspülen. Danach in einen Topf schütten und mit der doppelten Menge Wasser auffüllen. Quinoa salzen und zum Kochen bringen. Abgedeckt 3 Minuten garen. Herd abschalten und Quinoa mit der Restwärme 10 Minuten quellen lassen. Zur Seite stellen.

Grüne Bohnen über einem Sieb abgießen und gut abtropfen lassen. Geschälte Tomaten ebenfalls in ein Sieb geben und abtropfen lassen. In Stücke schneiden und nochmals im Sieb abtropfen lassen.

Etwas Olivenöl in einem Topf erhitzen und gehackte Zwiebeln darin glasig dünsten. Gehackten Knoblauch, Bohnen und Tomatenmark zufügen. Bei starker Hitze unter ständigem Rühren einige Minuten kochen.
Mit Gemüsebrühe aufgießen und Tomatenstücke zufügen. 10 Minuten bei geringer Hitze garen.

Den Backofen auf 180 °C vorheizen.
Eine Auflaufform mit etwas Olivenöl einfetten.

Gemüse und Quinoa vermengen. Salzen, pfeffern und Koriander zufügen. Mischung in die Auflaufform geben und mit Aluminiumfolie bedeckt 15–20 Minuten im Ofen garen.

Vor dem Servieren mit frisch gehackter Minze bestreuen.

Lauchquiche

Für 6 Personen

■ **Zubereitungszeit**
15 Minuten

■ **Garzeit**
1 Stunde 10 Minuten

■ **Zutaten**
500 g Lauch, weiße Teile
150 g magere Schinkenwürfel
1 große Zwiebel,
  in Scheiben geschnitten
1 TL Olivenöl
5 Eier
300 g fettarme Crème fraîche
  (15 % Fett)
Muskatnuss, gerieben
200 g Greyerzer, gerieben
Meersalz, Pfeffer

Lauch putzen, waschen und in 1–2 cm lange Stücke schneiden. Etwa 20 Minuten dämpfen. Über einem Sieb abtropfen lassen und beiseite stellen.

Schinkenwürfel in einer antihaftbeschichteten Pfanne bei geringer Temperatur kurz anbraten.

Olivenöl in einer antihaftbeschichteten Pfanne erhitzen und die Zwiebelscheiben darin anbraten. Lauchstücke zufügen und kurz mitgaren.

Den Backofen auf 160 °C vorheizen.

Eier mit der Crème fraîche in eine Schüssel geben und verquirlen. Leicht salzen, pfeffern und etwas Muskatnuss darüber streuen. Geriebenen Greyerzer zufügen. Gut vermengen und Schinkenwürfel, Lauchstücke und Zwiebelscheiben unterheben.

Die Lauch-Mischung in eine geölte Auflaufform geben. Im Backofen bei 160 °C etwa 40 Minuten backen.

Lauwarm mit grünem oder gemischtem Salat servieren.

Zwiebelkuchen

Für 4 Personen

▪ **Zubereitungszeit**
15 Minuten
▪ **Garzeit**
40 Minuten

▪ **Zutaten**
10 Zwiebeln
1 EL Olivenöl
4 Eigelb
1 Ei
250 ml fettarme flüssige
   Crème fraîche (7,5 % Fett)
250 g Greyerzer, gerieben
Meersalz, Pfeffer

Zwiebeln schälen und in Scheiben schneiden.

Olivenöl in einer antihaftbeschichteten Pfanne erhitzen und die Zwiebelscheiben bei geringer Hitze darin glasig dünsten.

Gedünstete Zwiebeln anschließend auf ein Küchenkrepp geben und das Fett aufsaugen lassen. Beiseite stellen.

Den Backofen auf 170 °C vorheizen.

Ei und Eigelb in einer großen Schüssel mit Greyerzer und Crème fraîche verquirlen. Salzen und pfeffern.

Gedünstete Zwiebelscheiben zufügen. Gut vermengen und in eine leicht eingeölte Auflaufform oder einzelne Portionsförmchen geben.

Im Ofen bei 170 °C etwa 30–35 Minuten backen.

Zwiebelkuchen heiß, lauwarm oder kalt mit einem grünen Salat servieren.

HAUPTGERICHTE

Langusten auf Lauchgemüse

Für 4 Personen

■ **Zubereitungszeit**
30 Minuten
■ **Garzeit**
25 Minuten

■ **Zutaten**
5 Stangen Lauch, weiße Teile
3 EL Olivenöl
1 Prise Safran, gemahlen
24 Langusten, frisch
50 ml Cognac
150 g fettarme Crème fraîche
   (15 % Fett) oder Sojacreme
Meersalz, Pfeffer

Lauch putzen, waschen und die weißen Teile in feine Scheiben schneiden.

In einer antihaftbeschichteten Pfanne mit 1 Esslöffel Olivenöl andünsten. Abgedeckt bei mittlerer Hitze 15 Minuten garen. Regelmäßig umrühren. Safran zufügen. Salzen und pfeffern.

Langusten mit einer Schere zerteilen, den Darm entfernen und trockentupfen. Eventuell zur Dekoration 4 Stück ganz lassen, jedoch den Darm entfernen und gut abtupfen. Die Langustenteile in einer antihaftbeschichteten Pfanne mit 2 Esslöffeln Olivenöl 3 Minuten bei starker Hitze anbraten. Anschließend mit Cognac flambieren.

Lauch auf einer vorgewärmten Platte anrichten oder auf vier Teller verteilen und Langusten darauf geben.

Crème fraîche in die Pfanne geben, in der die Langusten gegart wurden. Mit einem Holzlöffel den Bratenansatz lösen und umrühren.

Sauce über die Langusten verteilen und sofort servieren.

Jakobsmuschel-Timbale

Für 4 Personen

■ **Zubereitungszeit**
10 Minuten
■ **Garzeit**
45 Minuten

■ **Zutaten**
8 Jakobsmuscheln, frisch,
   ausgelöst
8 Riesengarnelen, frisch,
   geschält
Olivenöl
10 Garnelen, frisch, geschält,
   in feine Scheiben geschnitten
1 Ei
150 g Naturjoghurt
1 Knoblauchzehe, gepresst
200 ml fettarme flüssige Crème
   fraîche (7,5 %)
1 Bund glatte Petersilie
Meersalz, Pfeffer

Den Backofen auf 170 °C vorheizen.

Jakobsmuschelfleisch und 4 Riesengarnelen mit einigen Tropfen Olivenöl im Mixer grob zerkleinern.

Garnelenscheiben, Ei, Joghurt und gepressten Knoblauch zufügen. Vermengen, salzen und pfeffern.

In vier mit Olivenöl eingefettete Auflaufförmchen geben. Förmchen in eine mit heißem Wasser gefüllte große ofenfeste Form stellen und 40 Minuten im Backofen im Wasserbad garen.

Den Inhalt der Auflaufförmchen auf vier angewärmte Teller stürzen und warm stellen.

Übrige Riesengarnelen 5 Minuten vor dem Servieren in etwas Olivenöl anbraten.
Salzen, pfeffern und auf die Teller verteilen.

Crème fraîche in die Pfanne geben und mit einem Holzlöffel den Bratenansatz lösen, gut umrühren.

Sauce über die Garnelen geben und mit Petersilie garniert servieren.

✱ Zu diesem Gericht passen gedünstete Tomaten, Brokkoli, grüne Bohnen oder Spinat.

Marinierte Scampi

Für 4 Personen

■ **Zubereitungszeit**
15 Minuten
■ **Marinierzeit**
1 Stunde
■ **Garzeit**
3 Minuten

■ **Zutaten**
1 kg Scampi, frisch
200 ml Olivenöl
Saft von 3 Zitronen
3 Knoblauchzehen, gehackt
1 Bund Petersilie, gehackt
4 große Tomaten
1 Salatgurke
1 Endiviensalat
1 Chicoréestaude
Meersalz
frisch gemahlener Pfeffer

Scampi 2 Minuten in kochendem Wasser pochieren, bis sie sich verfärbt haben. Sofort kurz mit kaltem Wasser abschrecken. Vorsichtig schälen. Eventuell 4 Scampi zur Garnierung beiseite legen.

In einer Schüssel Olivenöl, Zitronensaft, Knoblauch und Petersilie mit dem Schneebesen verrühren. Salzen, pfeffern. Scampi zufügen, vorsichtig umrühren und 1 Stunde im Kühlschrank marinieren.

Tomaten etwa 1 Minute in kochendes Wasser legen und anschließend kalt abschrecken. Häuten, halbieren und entkernen. Tomaten in Streifen schneiden und auf einem Küchenkrepp abtropfen lassen.

Salatgurke der Länge nach vierteln und entkernen. Jedes Viertel noch einmal halbieren, um 8 Streifen zu erhalten.

Auf vier Teller je zwei Salatgurkenstreifen geben. Mit Endiviensalatblättern und 3 Chicoréeblättern sternförmig umlegen.

Scampi aus der Marinade nehmen und der Länge nach halbieren. Scampi kranzförmig auf dem Salat arrangieren. Marinade darüber geben und mit Tomatenstreifen sowie zurückbehaltenen Scampi garnieren.

Garnelen-Gratin

Für 4 Personen

■ **Zubereitungszeit**
40 Minuten

■ **Garzeit**
30 Minuten

■ **Zutaten**
1 kg Riesengarnelen, geschält
Saft einer Zitrone
4 Tomaten
3 Lauchzwiebeln
3 Knoblauchzehen
3 EL Olivenöl
100 ml Weißwein, trocken
150 g Feta-Käse
1 EL Dill, gehackt
Meersalz, Pfeffer

Garnelen kalt überbrausen und in einem Sieb abtropfen lassen. Salzen, pfeffern und mit Zitronensaft beträufeln. Eventuell 4 Riesengarnelen zur Garnierung beiseite stellen.

Tomaten etwa 1 Minute in heißes Wasser legen. Mit kaltem Wasser abschrecken, häuten, halbieren und entkernen. Tomaten in Streifen schneiden.

Enden der Lauchzwiebeln entfernen. Waschen und in sehr feine Röllchen schneiden. Knoblauchzehen schälen und in feine Scheiben schneiden.

Olivenöl in einem Schmortopf erhitzen und Garnelen 1–2 Minuten unter ständigem Wenden von jeder Seite anbraten. Auf eine Platte geben und beiseite stellen.

Lauchzwiebeln und Knoblauch in den Schmortopf geben und 1–2 Minuten glasig dünsten. Tomaten und Weißwein zufügen. 10–15 Minuten bei geringer Hitze abgedeckt köcheln lassen.

Backofen auf 220 °C vorheizen. Garnelen in eine Auflaufform geben. Mit der Tomatensauce überziehen und Feta-Käse darüber bröckeln. In den Backofen schieben und den Käse in 10–12 Minuten schmelzen lassen.

Mit gehacktem Dill bestreut servieren.

Jakobsmuscheln auf Schalotten

Für 4 Personen

■ **Zubereitungszeit**
10 Minuten
■ **Garzeit**
10 Minuten

■ **Zutaten**
20 Schalotten
2 EL Olivenöl
1 EL Gänsefett
16 Jakobsmuscheln, ausgelöst
2 Stängel glatte Petersilie
Meersalz, Pfeffer

Schalotten schälen und in dünne Scheiben schneiden.

In einer antihaftbeschichteten Pfanne etwas Olivenöl erhitzen und Schalotten darin andünsten. Ständig umrühren. Leicht salzen und pfeffern. Schalotten auf einem Küchenkrepp abtropfen lassen. Warm stellen.

Gänsefett in der Pfanne erhitzen. Jakobsmuschelfleisch hineingeben und bei starker Hitze etwa 1 Minute von jeder Seite anbraten. Salzen und pfeffern.

Petersilie waschen, mit einem Küchenkrepp trockentupfen, von den Stängeln zupfen und sehr fein schneiden.

Ein Schalottenbett auf jeden Teller geben, Jakobsmuscheln darauf anrichten und mit Petersilie garniert servieren.

Tintenfisch provenzalischer Art

Für 4 Personen

■ **Zubereitungszeit**
25 Minuten
■ **Garzeit**
40 Minuten

■ **Zutaten**
1 kg kleine Tintenfische
  (Kalmare)
4 Zwiebeln
5 Knoblauchzehen
4 EL Olivenöl
400 ml Weißwein, trocken
140 g Tomatenmark
1 Gewürznelke
Muskatnuss, gerieben
1 Zweig Thymian
1 Lorbeerblatt
1 Stängel Rosmarin
Zimt
Meersalz, Pfeffer

Tintenfische waschen, abtropfen lassen und in Scheiben schneiden. Tentakel unterhalb der Augen abschneiden.

Zwiebeln schälen und in dünne Scheiben schneiden. Knoblauch schälen und fein hacken.

In einem Schmortopf Olivenöl erhitzen und Zwiebelscheiben darin glasig dünsten.

Knoblauch und Tintenfischstücke zufügen. Etwa 2–3 Minuten bei starker Hitze unter ständigem Rühren garen. Temperatur drosseln.

Weißwein, Tomatenmark, Gewürznelke und 1 Messerspitze geriebene Muskatnuss zufügen. Salzen, pfeffern und vermengen. Thymianzweig, Lorbeerblatt, Rosmarinstängel und 1 Messerspitze Zimt zugeben. Kurz aufkochen. Hitze reduzieren und abgedeckt 15 Minuten köcheln lassen.

Deckel entfernen, umrühren und die Sauce etwa 10 Minuten einkochen lassen. Thymianzweig, Rosmarinstängel, Nelke und Lorbeerblatt entfernen. Nachwürzen.

Sofort heiß servieren.

Jakobsmuscheln mit Champignons

Für 4 Personen

■ **Zubereitungszeit**
20 Minuten
■ **Garzeit**
35 Minuten

■ **Zutaten**
2 EL Weinessig
3 Schalotten, in Scheiben
  geschnitten
½ Bund Petersilie, gehackt
1 EL Kräuter der Provence
12 Jakobsmuscheln
500 g Champignons
3 EL Olivenöl
250 ml flüssige fettarme
  Crème fraîche (7,5 % Fett)
Meersalz, Pfeffer

Eine Brühe aus 250 ml Wasser, Essig, Schalottenscheiben, gehackter Petersilie und Kräutern der Provence zubereiten. Salzen, pfeffern. Sud aufkochen lassen und bei mittlerer Hitze abgedeckt 10 Minuten weiterkochen.

Jakobsmuscheln waschen, putzen und aus den Schalen lösen. Den grauen Muschelsaum und die Nerven entfernen. Das weiße Muskelfleisch vom orangeroten Corail (Rogen) trennen. Jakobsmuschelfleisch und Corail in die Brühe geben. 2 Minuten bei sehr geringer Hitze pochieren. Herausnehmen, abtropfen lassen und beiseite stellen.

Champignons von den erdigen Stielansätzen befreien. Waschen und auf einem Küchenkrepp abtropfen lassen. Haut abziehen und in dünne Scheiben schneiden.

In einem Schmortopf Olivenöl erhitzen und Champignon-scheiben darin andünsten. Regelmäßig wenden. Salzen und pfeffern.

Jakobsmuschelfleisch und Crème fraîche zufügen. Bei geringer Hitze 2 Minuten köcheln lassen. Corail hinzufügen und die Sauce 2–3 Minuten einkochen lassen.

Das Muschelfleisch ist gar, wenn es weich ist. Darauf achten, dass es nicht zu lange gegart und zäh wird.

Zucchini mit Krabbenfüllung

Für 4 Personen

■ **Zubereitungszeit**
30 Minuten
■ **Garzeit**
35 Minuten

■ **Zutaten**
2–3 große Zucchini
250 g Tomaten, geschält
  (Dose)
150 g Krabben (Dose)
3 Zwiebeln
Olivenöl
1 Bund Petersilie
2 EL Parmesan, gerieben
Meersalz, Pfeffer

Zucchini waschen und 5–6 Minuten in kochendem Wasser blanchieren. Abtropfen und abkühlen lassen.

Den Backofen auf 220 °C vorheizen.

In der Zwischenzeit Tomaten und Krabben über einem Sieb abtropfen lassen. Krabben zerkleinern. Zwiebeln schälen und in dünne Scheiben schneiden. In einer Kasserolle Olivenöl erhitzen und Zwiebelringe darin andünsten.

Tomaten in Stücke schneiden und nochmals im Sieb abtropfen lassen. Zu den Zwiebeln geben und 5–6 Minuten unter ständigem Rühren köcheln lassen. Petersilie hacken und zufügen. Salzen, pfeffern. Herd ausschalten und die zerkleinerten Krabben hineingeben.

Zucchini der Länge nach halbieren. Entkernen und bis auf eine Dicke von etwa 1 cm aushöhlen. Das zurückbehaltene Fruchtfleisch in Stücke schneiden und in die Kasserolle zur Krabbenmischung geben.

Zucchinihälften in eine zuvor eingeölte Auflaufform legen und mit der Tomaten-Krabben-Mischung füllen. Mit Parmesan bestreuen und einige Tropfen Olivenöl darüber geben. In den Backofen schieben und 15–20 Minuten bei 220 °C backen.

Bouillabaisse Atlantik

Für 6 Personen

■ **Zubereitungszeit**
30 Minuten

■ **Garzeit**
1 Stunde 30 Minuten

■ **Zutaten**
2 große Zwiebeln
6 EL Olivenöl
2 Knoblauchzehen, gehackt
1 Bund frische Kräuter
  (Thymian, Dill, Petersilie,
  Fenchelkraut ...)
500 ml Weißwein, trocken
1 große Tomate, geviertelt
1 TL Pfeffer
½ TL Cayennepfeffer
1 Kopf vom Seehecht
600 g Meeraal
600 g Seeteufel-Filet
8 Langusten
1 kg Muscheln
Petersilie, gehackt
Meersalz, Pfeffer

Zwiebeln schälen und in Scheiben schneiden.

In einer Kasserolle 2 Esslöffel Olivenöl erhitzen und Zwiebelscheiben darin andünsten.

Knoblauch, Kräuterbund, Weißwein, Tomatenviertel, Pfeffer, Cayennepfeffer und Seehechtkopf zufügen. Flüssigkeit im offenen Topf zur Hälfte einkochen lassen.

1 Liter Wasser zufügen und bei geringer Hitze 45 Minuten kochen. 15 Minuten abkühlen lassen und durch ein feines Sieb gießen. Fischbouillon auffangen und beiseite stellen.

Meeraal und Seeteufel-Filet in Stücke schneiden und in einem großen Schmortopf mit 4 Esslöffeln Olivenöl anbraten. Salzen und pfeffern.

Langusten und Fischbouillon zugeben. Erhitzen und Muscheln zufügen.

Einige Minuten kochen, bis die Muscheln geöffnet sind. Nachwürzen.

In tiefen Tellern oder Suppenschälchen mit gehackter Petersilie bestreut servieren.

Thunfischfilet mit Ingwer

Für 4 Personen

■ **Zubereitungszeit**
10 Minuten
■ **Garzeit**
10 Minuten
■ **Marinierzeit**
1 Stunde

■ **Zutaten**
50 g frischer Ingwer
4 EL Sojasauce
4 EL Olivenöl
Saft einer Zitrone
600 g Thunfischfilet, 3 cm dick
2 Stängel glatte Petersilie
Pfeffer

Ingwer schälen und sehr fein hacken oder raspeln.

Olivenöl, Sojasauce, Zitronensaft, Ingwer und eine Prise Pfeffer in einer Schüssel zu Marinade verrühren.

Thunfischfilets hineinlegen und bei Zimmertemperatur mindestens 1 Stunde marinieren. Fisch mehrmals wenden.

Den Backofen auf 100 °C vorheizen.

Marinade in eine antihaftbeschichtete Pfanne geben und stark erhitzen. Thunfisch zufügen und 1 Minute von jeder Seite anbraten. Der Fisch sollte am besten nicht ganz durchgebraten sein.

Thunfischfilet aus der Pfanne nehmen und auf ein Tranchierbrett geben. In 2–3 cm breite Streifen schneiden. Warm stellen.

Marinade bei mittlerer Hitze einkochen lassen. Thunfisch auf Teller verteilen und mit der Sauce überziehen. Vor dem Servieren mit Petersilie garnieren.

✱ Zu diesem Gericht passt gedünsteter Brokkoli, Zuckererbsenschoten (siehe S. 214) oder Ratatouille (siehe S. 210).

Meerbarbenfilet

Für 4 Personen

■ **Zubereitungszeit**
15 Minuten
■ **Garzeit**
15 Minuten

■ **Zutaten**
50 g Sardellenfilets in Öl (Dose)
2 TL Balsamico-Essig
5 frische Tomaten
12 schwarze Oliven
3 getrocknete Tomaten
1 rote Paprikaschote
3 EL Olivenöl
8 Meerbarbenfilets
Meersalz, Pfeffer

Sardellenfilets mit Balsamico-Essig und einem Teil des Öls aus der Dose pürieren. Beiseite stellen.

Tomaten 1 Minute in kochendes Wasser legen. Mit kaltem Wasser abschrecken. Häuten, halbieren und entkernen. Fruchtfleisch in Stücke schneiden und anschließend auf einem Küchenkrepp abtropfen lassen.

Oliven entsteinen und grob hacken. Getrocknete Tomaten ebenfalls hacken. Paprikaschote halbieren, entkernen und in kleine Würfel schneiden.

Olivenöl in einer antihaftbeschichteten Pfanne erhitzen. Paprika- und die frischen Tomatenstücke zufügen. Wenn die Paprika gar ist, Oliven- und getrocknete Tomatenstücke zufügen. Salzen und pfeffern. Warm halten.

Meerbarbenfilets von beiden Seiten grillen oder in einer antihaftbeschichteten Pfanne mit etwas Olivenöl anbraten.

Eine Beilage nach Wahl, zum Beispiel gedünstete Zucchini oder Romanesco auf vier Teller verteilen. Meerbarbenfilets darauf geben und mit der Tomaten-Paprikasauce und dem Sardellenpüree überziehen.

Lachsfilet
mit Olivencreme

Für 4 Personen

■ **Zubereitungszeit**
10 Minuten
■ **Garzeit**
20 Minuten

■ **Zutaten**
3 EL Olivenöl
4 Lachsfilets, frisch
   (je 200 g mit Haut)
200 g schwarze Oliven
3 Schalotten, gehackt
150 ml Sojacreme oder
   fettarme Sahne
Meersalz, Pfeffer

In einer antihaftbeschichteten Pfanne 2 Esslöffel Olivenöl erhitzen. Lachsfilets hineingeben und zuerst 10 Minuten auf der Hautseite anbraten. Danach wenden und 1 Minute auf der anderen Seite braten.

Oliven entsteinen. Ein Drittel der Oliven in Scheiben schneiden und die restlichen pürieren.

In einem Schmortopf Schalotten in 1 Esslöffel Olivenöl andünsten. Leicht salzen.

Olivenpüree zufügen und 1 Minute kochen lassen. Umrühren. Hitze drosseln und Sojacreme dazugeben. Eventuell Nachwürzen.

Die Haut der Lachsfilets mit einem Messer ablösen.

Lachsfilets auf vier Teller verteilen.
Mit Gemüse umlegen. Olivenscheiben darüber geben und mit der Sauce überziehen.

✱ Zu diesem Gericht passen grüne Bohnen, Zucchini, gedünsteter Brokkoli, Zuckererbsenschoten (siehe S. 214).

Lachs-Tatar
mit Ziegenfrischkäse

Für 4 Personen

■ **Zubereitungszeit**
25 Minuten
■ **Marinierzeit**
30 Minuten
■ **Kühlzeit**
2 Stunden

■ **Zutaten**
7 EL Olivenöl
Saft von 2 Zitronen
½ Bund Dill, gehackt
½ Bund Schnittlauch, gehackt
600 g Lachsfilet, sehr frisch
200 g Ziegenfrischkäse
400 g Rucola
Meersalz, Pfeffer

In einer Schüssel 5 Esslöffel Olivenöl, Zitronensaft, die Hälfte des gehackten Dills und die Hälfte des gehackten Schnittlauchs vermengen. Salzen, pfeffern.

Lachs in kleine Stücke schneiden, in die Schüssel geben und mindestens 30 Minuten marinieren. Lachs entnehmen und zerhacken. Marinade aufbewahren.

Ziegenfrischkäse in eine Schüssel geben. 1 Esslöffel Olivenöl zufügen und mit dem Schneebesen vermengen. Pfeffern.

Zwei Drittel der Marinade hinzufügen und mit dem Schneebesen schlagen, bis eine gleichmäßige Masse entsteht. Gehackten Lachs zufügen. Gut miteinander vermengen.

In Auflaufförmchen oder Metallringe füllen. Mit Frischhaltefolie abdecken und mindestens 2 Stunden in den Kühlschrank stellen.

Zum Servieren vier Teller mit Rucola auslegen. Lachs-Käse-Tatar aus den Auflaufförmchen oder Metallringen in die Mitte der Teller geben. Mit den restlichen Kräutern garnieren und mit etwas Marinade überziehen.

Dorade andalusische Art

Für 4 Personen

■ **Zubereitungszeit**
15 Minuten
■ **Garzeit**
25–40 Minuten

■ **Zutaten**
4 kleine Doraden je 600 g
   oder 1 große zu 2,5 kg
100 ml Olivenöl
2 EL Knoblauch, granuliert
4 EL Kräuter der Provence
12 Knoblauchzehen
1 Zitrone
Meersalz, Pfeffer

Den Backofen auf 200 °C vorheizen.

Die Dorade/n in eine große Auflaufform legen und mit einigen Tropfen Olivenöl beträufeln. Salzen, pfeffern, mit Knoblauchgranulat und Kräutern der Provence bestreuen. In den Ofen schieben. Kleine Doraden 25 Minuten und die große 40 Minuten garen.

In der Zwischenzeit Knoblauchzehen schälen und in feine Scheiben schneiden.

100 ml Olivenöl in einem Topf erhitzen. Knoblauchscheiben zufügen, salzen und pfeffern. Knoblauch bei mittlerer Hitze leicht andünsten. Beiseite stellen.

Dorade/n aus dem Ofen nehmen. Der Länge nach aufschneiden, aufklappen und vorsichtig die Gräte entfernen.

Zum Servieren Dorade/n auf eine Platte oder vier Teller geben und mit dem Knoblauchöl überziehen.

Die Zitrone achteln und auf den Tellern verteilen.

Seeteufel mit Champignons in Rotwein

Für 4 Personen

■ **Zubereitungszeit**
20 Minuten
■ **Garzeit**
25 Minuten

■ **Zutaten**
400 g Champignons
5 Schalotten
3 EL Gänsefett
250 ml Rotwein, tanninhaltig
   (Côtes du Rhône)   ,
1 EL Estragon, gehackt
1 kg Seeteufel-Filet
1 Bund Kerbel
Meersalz, Pfeffer

Champignons putzen, Stielenden abschneiden. Grob hacken. Schalotten schälen und fein hacken.

In einer großen antihaftbeschichteten Pfanne 2 Esslöffel Gänsefett erhitzen. Schalotten zufügen und glasig dünsten. Champignonstücke hineingeben und unter ständigem Rühren gut anbraten.

Rotwein angießen und bei mittlerer Hitze einkochen lassen. Estragon zugeben und bei geringer Hitze weitergaren, bis eine Art Püree entsteht. Salzen, pfeffern. Warm halten.

Seeteufel-Filet waschen, restliche Hautfetzen entfernen und mit Küchenkrepp trockentupfen. In 3–4 cm dicke Stücke schneiden. Salzen und pfeffern.

In einer antihaftbeschichteten Pfanne 1 Esslöffel Gänsefett erhitzen. Fisch zufügen und etwa 3–4 Minuten auf jeder Seite anbraten.

In der Zwischenzeit Kerbel waschen. Einige Stängel zur Garnierung beiseite legen. Restlichen Kerbel hacken und über das Champignonpüree geben.

Seeteufel auf vorgewärmte Teller verteilen. Champignon-püree um den Fisch verteilen und mit Kerbel garnieren.

Thunfischfilet mit Tomaten

Für 4 Personen

■ **Zubereitungszeit**
15 Minuten

■ **Garzeit**
15 Minuten

■ **Zutaten**
1 kg Tomaten
3 Zwiebeln
4 EL Olivenöl
1 EL Tomatenmark
100 ml Weißwein
½ TL Ingwer, gemahlen
Safran
Cayennepfeffer
150 g schwarze Oliven, gehackt
4 Scheiben Thunfischfilet
  je 150 g
einige Basilikumblätter

Tomaten etwa 1 Minute in kochendes Wasser legen und kalt abschrecken. Häuten, vierteln und entkernen. Fruchtfleisch in kleine Stücke schneiden und über einem Sieb abtropfen lassen.

Zwiebeln schälen und hacken. In einer antihaftbeschichteten Pfanne mit 2 Esslöffeln Olivenöl glasig dünsten.

Tomaten, Tomatenmark, Weißwein. Ingwer, 1 Prise Safran, 2 Prisen Cayennepfeffer und die gehackten Oliven zufügen. Bei mittlerer Hitze kochen. Regelmäßig umrühren. Sauce einkochen lassen. Beiseite stellen.

Thunfischscheiben mit einem Küchenkrepp trockentupfen.

In einer antihaftbeschichteten Pfanne 2 Esslöffel Olivenöl erhitzen. Thunfischfilets hineingeben und von jeder Seite zunächst 1 Minute anbraten, dann nochmals je ½ Minute.

Die Thunfischfilets auf eine Platte oder einzelne Teller geben. Mit der Sauce überziehen und mit Basilikumblättern garnieren. Zusätzlich noch einige Tropfen frisches Olivenöl darüber träufeln.

Lachsfilet
auf Lauchbett

Für 4 Personen

■ **Zubereitungszeit**
20 Minuten

■ **Garzeit**
15 Minuten

■ **Zutaten**
4 Stangen Lauch, weiße Teile
4 Schalotten
Olivenöl
4 Lachsfilets, ohne Haut
  je 200 g
4 Stängel Dill
Saft von 2 Limetten
Meersalz

Lauch waschen, putzen und äußere Schicht der weißen Lauchteile abziehen. Lauch der Länge nach halbieren und in circa 5 cm lange Stücke schneiden.
Schalotten schälen und hacken.

1 Esslöffel Olivenöl in einer antihaftbeschichteten Pfanne erhitzen. Schalotten andünsten und Lauchstücke zufügen. Vermengen, abdecken und bei mittlerer Hitze 3 Minuten garen. Deckel entfernen, umrühren und 1–2 Minuten weitergaren. Beiseite stellen.

Den Backofen auf 220 °C vorheizen.

Lachsfilets mit Küchenkrepp abtupfen und salzen.

Dill hacken und zum Lauch geben. Vermengen.

Die Hälfte des Lauchs in eine leicht eingeölte Auflaufform geben. Lachsfilets darauf legen und mit der Hälfte des Limettensafts beträufeln. Restliches Gemüse um den Fisch verteilen.

Mit Aluminiumfolie abdecken und gut verschließen.
10 Minuten im vorgeheizten Backofen bei 220 °C garen.

Form aus dem Ofen nehmen. Aluminiumfolie abheben und Fisch mit Limettensaft und einigen Tropfen Olivenöl beträufeln.

Thunfisch mit Tomaten und Oliven

Für 4 Personen

■ **Zubereitungszeit**
25 Minuten

■ **Garzeit**
30 Minuten

■ **Zutaten**
500 g Tomaten
100 g schwarze Oliven, entsteint
1 grüne Paprikaschote, gewürfelt
3 Knoblauchzehen, gehackt
4 Schalotten, gehackt
4 EL Olivenöl
100 ml Rotwein
1 Bund Oregano, gehackt
4 Scheiben Thunfischfilet
  je 150 g
Saft einer Zitrone
3 Stängel glatte Petersilie
Meersalz, Pfeffer

Tomaten etwa 1 Minute in kochendes Wasser legen und anschließend mit kaltem Wasser abschrecken. Häuten, entkernen und in Stücke schneiden.

Die Hälfte der Oliven hacken.

2 Esslöffel Olivenöl in einem Topf erhitzen. Gehackten Knoblauch, Paprikawürfel und gehackte Schalotten darin andünsten. Rotwein und Tomaten zugeben. Umrühren, salzen und pfeffern. Abdecken und bei mittlerer Hitze 5 Minuten garen.

Gehackte Oliven zufügen und abgedeckt einige Minuten einkochen lassen. Oregano und restliche Oliven zufügen.

Den Backofen auf 210 °C vorheizen.

Thunfisch mit Küchenkrepp trockentupfen. Mit Zitronensaft beträufeln. 2 Minuten ruhen lassen. Salzen, pfeffern. In einer antihaftbeschichteten Pfanne 2 Esslöffel Olivenöl erhitzen und Thunfischfilets darin von jeder Seite etwa 1 Minute anbraten.

Den Fisch in eine Auflaufform geben und mit der Sauce überziehen. 10 Minuten im vorgeheizten Backofen garen.

Vor dem Servieren mit gehackter Petersilie bestreuen.

Kabeljau mit Brokkoli

Für 4 Personen

■ **Zubereitungszeit**
25 Minuten

■ **Garzeit**
50 Minuten

■ **Zutaten**
800 g Brokkoli
3 Schalotten, gehackt
5 EL Olivenöl
4 Stängel glatte Petersilie,
    gehackt
150 g fettarme Crème fraîche
    (15 % Fett)
4 Eier
Muskatnuss, gerieben
150 ml Gemüsebrühe
150 ml Weißwein
1 EL Thymian, gehackt
4 Kabeljaufilets je 200 g
Meersalz, Pfeffer

Brokkolistrunk abschneiden. Brokkoli waschen, putzen und in Röschen teilen. 300 g zur Garnierung beiseite stellen, den Rest grob hacken.

Gehackte Schalotten in 2 Esslöffeln Olivenöl in einer anti-haftbeschichteten Pfanne dünsten. Gehackten Brokkoli zugeben und bei mittlerer Hitze 10 Minuten garen. Umrühren. Die Hälfte der gehackten Petersilie zufügen und Brokkolistücke zu Püree einkochen.

Backofen auf 210 °C vorheizen. 4 kleine Auflaufförmchen einölen. Crème fraîche und verquirlte Eier zum Brokkoli-püree geben. Salzen, pfeffern und mit 2 Prisen Muskatnuss würzen. Brokkoli-Mischung in die Auflaufförmchen füllen und im Wasserbad etwa 25 Minuten im Ofen garen.

Gemüsebrühe, Wein und Thymian in einem Topf zum Kochen bringen. Die beiseite gestellten Brokkoliröschen 5 Minuten darin garen.

Kabeljaufilets mit Küchenkrepp trockentupfen. Salzen, pfeffern. In einer antihaftbeschichteten Pfanne 3 Esslöffel Olivenöl erhitzen. Fischfilets darin 5 Minuten von jeder Seite braten.

Auflaufförmchen auf vier Teller stürzen. Fisch und Brokkoli-röschen dazugeben. Mit einigen Tropfen Olivenöl beträufeln und mit restlicher Petersilie garnieren.

Forelle in Weißwein

Für 4 Personen

■ **Zubereitungszeit**
25 Minuten

■ **Garzeit**
35 Minuten

■ **Zutaten**
4 Forellen je 250 g
4 Stängel frischer Rosmarin
300 g Champignons
2 unbehandelte Zitronen
3 Knoblauchzehen
2 Stangen Lauch
2 EL Olivenöl
200 ml Weißwein, trocken
Meersalz, Pfeffer

Forellen innen und außen salzen und pfeffern.

Einen Rosmarinstängel in jede Forelle legen.

Champignons von den Stielansätzen befreien und waschen. In dünne Scheiben schneiden.

Eine Zitrone in feine Scheiben teilen. Von der anderen mit einem Zestenreißer Streifen abziehen, danach halbieren und auspressen. Knoblauchzehen schälen und hacken.

Lauch waschen, Enden abschneiden und putzen. In feine Ringe schneiden.

Den Backofen auf 210 °C vorheizen.

Bratblech mit 1 Esslöffel Olivenöl einölen. Champignons und Forellen darauf geben und mit den Lauchringen und Zitronenscheiben bedecken. Mit Zitronenzesten bestreuen.

Weißwein, Zitronensaft und Knoblauch miteinander verrühren und darüber geben.

Mit Aluminiumfolie luftdicht verschließen. In den vorgeheizten Backofen schieben und 35 Minuten garen.

Seebarsch mit Fenchel

Für 4 Personen

■ **Zubereitungszeit**
20 Minuten
■ **Garzeit**
50 Minuten

■ **Zutaten**
3 große Tomaten
2 Schalotten, gehackt
3 Knoblauchzehen, gehackt
3 ½ EL Olivenöl
150 ml Weißwein
1 TL Fenchelsamen
4 Fenchelknollen mit Grün
1 Zwiebel, gehackt
⅛ l Gemüsebrühe
1 großer Seebarsch (1,5 kg)
    oder 2 je 800 g
½ Bund Petersilie, gehackt
Meersalz, Pfeffer

Tomaten etwa 1 Minute in kochendes Wasser legen, mit kaltem Wasser abschrecken. Häuten, entkernen, in Stücke schneiden. Gehackte Schalotten und Knoblauch in einem Topf in 2 Esslöffeln Olivenöl dünsten. Tomatenstücke zufügen und einige Minuten kochen. Wein, Fenchelsamen, Salz, Pfeffer zugeben. Bei geringer Hitze 10 Minuten kochen.

Den Backofen auf 200 °C vorheizen. Fenchelgrün von den Knollen abschneiden, waschen, abtropfen und in den Fisch legen. Fisch salzen, pfeffern, mit 1 Esslöffel Olivenöl bepinseln und in eine große Auflaufform geben. Im Ofen 25 Minuten garen.

Zwischenzeitlich Fenchel vierteln, Strunk entfernen und quer zu den Fasern in Streifen schneiden.

Form aus dem Ofen nehmen und Fischhaut entfernen. Mit der Sauce überziehen und weitere 10 Minuten backen.

½ Esslöffel Olivenöl in einem antihaftbeschichteten Topf erhitzen und gehackte Zwiebel darin glasig dünsten. Fenchelstreifen zugeben und andünsten. Etwas Gemüsebrühe angießen. Fenchel abgedeckt in 5 Minuten bissfest garen. Mit Salz und Pfeffer würzen.

Seebarsch mit Fenchelgemüse umlegt und mit Petersilie bestreut servieren.

Seeteufel auf Spinat

Für 4 Personen

■ **Zubereitungszeit**
15 Minuten

■ **Garzeit**
15 Minuten

■ **Zutaten**
500 g Spinat
2 Seeteufel-Filets je 600 g
Saft einer Zitrone
1 EL Gänsefett
100 ml Weißwein
2 TL grüne Pfefferkörner
150 ml fettarme flüssige
    Crème fraîche (7,5 % Fett)
1 EL Olivenöl
Muskatnuss, gerieben
Meersalz, Pfeffer

Spinat waschen, putzen und die Stiele entfernen.
In kochendem Wasser mit einer Prise Salz 4 Minuten
blanchieren. In ein Sieb geben und abtropfen lassen.

Den Backofen auf 80 °C vorheizen.

Seeteufel waschen und mit Küchenkrepp trockentupfen.
Eventuelle Hautreste entfernen. In 3–4 cm breite Streifen
schneiden. Mit Zitronensaft beträufeln. Salzen und pfeffern.

Gänsefett in einer antihaftbeschichteten Pfanne erhitzen.
Fischstreifen darin 3 Minuten von jeder Seite anbraten. Aus
der Pfanne nehmen und im Ofen bei 80 °C warm halten.

Weißwein in die antihaftbeschichtete Pfanne geben und mit
einem Holzlöffel den Bratenansatz lösen. Pfefferkörner und
Crème fraîche zufügen und die Sauce andicken lassen.

Spinat einige Minuten in einer Kasserolle mit 1 Esslöffel
Olivenöl erhitzen. Salzen, pfeffern und 2–3 Prisen
Muskatnuss zufügen.

Seeteufel mit Sauce überzogen auf einem Spinatbett
servieren.

Thunfisch-Lachs-Spieße

Für 4 Personen

■ **Zubereitungszeit**
20 Minuten

■ **Garzeit**
10 Minuten

■ **Zutaten**
400 g Thunfischfilet
400 g Lachsfilet
1 grüne Paprikaschote
1 Zucchini
12 Cocktail-Tomaten
Saft einer Zitrone
Kräuter der Provence
Olivenöl
Meersalz, Pfeffer

Fischfilets mit einem Küchenkrepp trockentupfen und in 3–4 cm große Stücke teilen.

Paprikaschote halbieren, entkernen und in 3–4 cm große Stücke schneiden.

Zucchini der Länge nach teilen und jeweils in etwa 2 cm dicke Scheiben schneiden.

Den Backofengrill vorheizen.

Auf Holz- oder Metallspieße abwechselnd Cocktail-Tomaten, Thunfisch, Zucchini, Lachs und Paprika stecken. Mit Zitronensaft beträufeln. Salzen, pfeffern und mit reichlich Kräutern der Provence würzen.

Mit etwas Olivenöl beträufeln und 10 Minuten von allen Seiten grillen. Regelmäßig wenden.

Sofort servieren.

Gänseleber mit Muskattrauben

Für 4 Personen

■ **Zubereitungszeit**
20 Minuten
■ **Garzeit**
5 Minuten

■ **Zutaten**
600 g große weiße
   Muskattrauben
4 Gänseleber je 120 g
1 EL Balsamico-Essig
150 ml Weißwein
Meersalz
Pfeffer, frisch gemahlen

Trauben waschen. Die Hälfte der Trauben zu Saft verarbeiten. Die restlichen Trauben beiseite stellen.

Leber unter kaltem Wasser kurz abspülen.

Backofen auf 80 °C vorheizen.

Eine antihaftbeschichtete Pfanne stark erhitzen und die Leber (ohne Öl) 30–45 Sekunden von jeder Seite anbraten. Aus der Pfanne nehmen, auf eine Platte geben und im Ofen warm halten. Salzen, pfeffern.

Balsamico-Essig und Weißwein in die Pfanne gießen und 1 Minute bei mittlerer Hitze einkochen. Traubensaft zufügen, aufkochen und Sauce auf ¼ einkochen lassen.

Trauben hineingeben und bei mittlerer Hitze etwa 2 Minuten garen. Salzen und pfeffern.

Gänseleber auf vorgewärmte Teller geben, mit der Sauce überziehen und mit den Trauben umlegen.

* Zu diesem Gericht passt Chicorée oder Endiviensalat

Hähnchen mit Apfel

Für 4 Personen

■ Zubereitungszeit
20 Minuten
■ Garzeit
1 Stunde 30 Minuten

■ Zutaten
1 Landhähnchen
Cayennepfeffer
1 kg Äpfel (Granny Smith oder
   Golden Delicious)
1 EL Gänsefett
1 TL Zimt, gemahlen
500 ml Apfelwein (Cidre)
1 Würfel Geflügelbrühe
250 ml Sahne oder Sojacreme
Meersalz, Pfeffer

Den Backofen auf 200 °C vorheizen.
Hähnchen gut abspülen, trockentupfen und aufs Bratblech
legen. Salzen, pfeffern und mit 4 Prisen Cayennepfeffer
bestäuben. In den Ofen schieben und 1 ½ Stunden braten.

Äpfel vierteln und Kerngehäuse entfernen. Viertel nochmal
der Länge nach durchschneiden.
Hähnchen nach 45 Minuten mit 250 ml Apfelwein begießen.

Gänsefett in einer großen antihaftbeschichteten Pfanne
erhitzen. Apfelspalten hineingeben und von allen Seiten
anbraten. Zimt zufügen, salzen. Äpfel bissfest garen.
Entnehmen, beiseite stellen und warm halten.

Restlichen Wein in die Pfanne geben. Mit einem Holzlöffel
den Bratenansatz lösen. Brühwürfel zufügen und auflösen.

Das gegarte Hähnchen auf eine Servierplatte legen und
zerteilen. Mit Äpfeln umlegen.

Bratensaft vom Bratenblech in die Pfanne geben und
einkochen lassen. Sahne oder Sojacreme zufügen,
eventuell nachwürzen, umrühren. Bei geringer Hitze
einkochen lassen. Sauce über das Hähnchen geben.

✱ Wird Sojacreme verwendet: Sauce von der Kochstelle
nehmen und nicht mehr einkochen, damit sie nicht gerinnt.

Geflügelleber mit Ingwer

Für 4 Personen

■ **Zubereitungszeit**
5 Minuten

■ **Garzeit**
15 Minuten

■ **Zutaten**
3 Zwiebeln
1 Stück frischer Ingwer
   (2–3 cm)
4 Stängel frischer Koriander
2 EL Olivenöl
500 g Geflügelleber
Meersalz, Pfeffer

Zwiebeln schälen und in dünne Scheiben schneiden.

Ingwer schälen und mit einer Reibe fein raspeln.

Frischen Koriander waschen, trockentupfen, von den Stängeln zupfen und klein schneiden.

In einer antihaftbeschichteten Pfanne 2 Esslöffel Olivenöl erhitzen und die Zwiebelscheiben darin andünsten.

Geflügelleber zufügen und 10 Minuten bei geringer Hitze von jeder Seite anbraten. Salzen und pfeffern.

Geriebenen Ingwer und Koriander hineingeben und unter ständigem Rühren weitere 4–5 Minuten garen.

Heiß servieren mit einem grünen Salat als Beilage.

Hühnerbrustfilet in Curry

Für 4 Personen

■ **Zubereitungszeit**
15 Minuten

■ **Garzeit**
15 Minuten

■ **Zutaten**
3 Zwiebeln
2 EL Olivenöl
400 g Champignons in Scheiben
   (Dose)
4 Hühnerbrustfilets
1 EL Gänsefett
1 EL Curry
250 ml fettarme flüssige Crème
   fraîche (7,5 % Fett)
Meersalz, Pfeffer

Zwiebeln schälen und in dünne Scheiben schneiden. In einem Schmortopf bei geringer Hitze in Olivenöl glasig dünsten. Vom Herd nehmen und beiseite stellen.

Champignons in ein Sieb geben und abtropfen lassen.

Hühnerbrustfilets in 2–3 cm große Stücke schneiden.

Gänsefett in einer antihaftbeschichteten Pfanne erhitzen und die Hühnerbruststücke darin einige Minuten bei geringer Hitze von allen Seiten anbraten. Salzen, pfeffern. Mit der Hälfte des Currys bestäuben und vermengen.

Zwiebelscheiben, Champignons und restlichen Curry hinzufügen. Gut vermengen und abgedeckt 3 Minuten kochen. Deckel abnehmen, Crème fraîche zufügen und weitere 3–4 Minuten garen, bis die Sauce eingedickt ist.

✱ In Phase I mit Gemüse oder mit Quinoa und in Phase II auch mit Basmati- oder Naturrreis servieren.

Geflügelbrustfilet mit Parmesan

Für 4 Personen

■ **Zubereitungszeit**
15 Minuten
■ **Garzeit**
20 Minuten

■ **Zutaten**
4 Hühner- oder Putenbrustfilets
1 TL Thymian, getrocknet
3 EL Olivenöl
2 Knoblauchzehen, gepresst
150 g Naturjoghurt
1 Bund Petersilie, gehackt
200 g Parmesan, gerieben
Meersalz, Pfeffer

Geflügelfilets in 2–4 cm große Stücke schneiden. Salzen, pfeffern und mit Thymian bestreuen.

In eine große Schüssel 3 Esslöffel Olivenöl geben. Joghurt und gepressten Knoblauch zufügen. Mit einem Schnee-besen verrühren. Gehackte Petersilie hineingeben, salzen und pfeffern. Geflügelstücke zufügen und vermengen.

Den Backofen auf 200 °C vorheizen.

Parmesan in einen Suppenteller geben. Geflügelstücke von allen Seiten in Parmesan wälzen.

Eine Auflaufform leicht einölen und die Geflügelstücke dicht nebeneinander hineingeben – nicht übereinander. Mit restlichem Parmesan bestreuen.

In den vorgeheizten Backofen schieben und etwa 15–20 Minuten garen.

Dazu grünen Blattsalat mit Vinaigrette (siehe S. 94) servieren.

Geflügelleber provenzalisch

Für 4 Personen

■ **Zubereitungszeit**
5 Minuten
■ **Garzeit**
15 Minuten

■ **Zutaten**
4 Knoblauchzehen
125 g Tomatenmark
100 ml Weißwein, trocken
1 EL Gänsefett
600 g Geflügelleber
½ TL Kräuter der Provence
3 Stängel glatte Petersilie
Meersalz, Pfeffer

Knoblauch schälen und fein hacken.

Petersilie waschen, mit Küchenkrepp trockentupfen, von den Stängeln lösen und hacken.

Tomatenmark in eine Schüssel geben.

Weißwein erhitzen. Zum Tomatenmark geben, vermengen, salzen und pfeffern.

Gänsefett in einer antihaftbeschichteten Pfanne erhitzen. Gehackten Knoblauch zufügen, umrühren. Geflügelleber dazugeben und von allen Seiten gleichmäßig anbraten. Mit den Kräutern der Provence bestreuen. Salzen, pfeffern.

Geflügelleber auf vorgewärmte Teller geben. Mit der Tomatensauce überziehen und mit gehackter Petersilie bestreut servieren.

✱ Zu diesem Gericht eignen sich frischer Blattsalat, Gemüse, aber auch Flageoletbohnen, grüne Linsen oder Quinoa.

Hähnchen mit Pastis und Fenchel

Für 4 Personen

■ **Zubereitungszeit**
10 Minuten

■ **Garzeit**
1 Stunde 15 Minuten

■ **Zutaten**
1 Landhähnchen 1,5 kg,
   küchenfertig
15 Knoblauchzehen, geschält
Olivenöl
50 ml Pastis
Cayennepfeffer
1 TL Kräuter der Provence
200 g schwarze Oliven, entsteint
4 Fenchelknollen
1 EL Gänsefett
Meersalz
frisch gemahlener Pfeffer

Den Backofen auf 200 °C vorheizen.

Hähnchen innen salzen und pfeffern. 5 Knoblauchzehen hineingeben und die Haut mit Olivenöl bestreichen.

Das Hähnchen in einen Bräter legen und mit Pastis beträufeln. Mit 1 Prise Cayennepfeffer und Kräutern der Provence bestreuen. Restliche Knoblauchzehen und schwarze Oliven dazugeben. In den vorgeheizten Backofen schieben und 1 ¼ Stunden braten. Während des Bratvorgangs mehrmals mit dem Bratensaft begießen.

In der Zwischenzeit Fenchel in kochendem Wasser blanchieren. Abtropfen lassen und der Länge nach halbieren.

In einer antihaftbeschichteten Pfanne Gänsefett erhitzen und Fenchel von allen Seiten darin leicht anbraten. 15 Minuten vor Garzeitende des Hähnchens, Fenchel in den Bräter zum Hähnchen geben.

Hähnchen auf eine vorgewärmte Servierplatte legen und zerteilen, mit Gemüse umlegen und mit dem Bratensaft überziehen.

Enten-Confit mit Äpfeln

Für 4 Personen

■ **Zubereitungszeit**
20 Minuten
■ **Garzeit**
45 Minuten

■ **Zutaten**
1 Dose Entenconfit (4 Stück)
12 Äpfel, Granny Smith
Zimt, gemahlen
einige Stängel glatte Petersilie
Meersalz, Pfeffer

Den Backofen auf 80 °C vorheizen.

Entenconfit-Dose öffnen. 5 Esslöffel des Fetts entnehmen und beiseite stellen. Dose in den vorgeheizten Backofen geben und das Fett vollständig schmelzen lassen.

In der Zwischenzeit Äpfel schälen, vierteln und Kerngehäuse entfernen. Jedes Viertel halbieren.

Petersilie waschen, vom Stängel zupfen und hacken.

Beiseite gestelltes Entenfett in einer großen antihaftbeschichteten Pfanne erhitzen. Apfelstücke zufügen und andünsten. Salzen, pfeffern und reichlich mit Zimt bestreuen. Bei geringer Hitze weitergaren, bis die Apfelviertel weich sind.

Sobald das Fett vollständig geschmolzen ist, die Confitstücke auf einen Teller geben und das Fett abtropfen lassen. Den Backofengrill vorheizen. Entenstücke in eine Auflaufform legen und 10–15 Minuten in einem Abstand von 20 cm zum Grill im Backofen grillen.

Entenconfit aus dem Backofen nehmen. Auf Teller verteilen, mit den gegarten Äpfeln umlegen und mit gehackter Petersilie bestreut servieren.

Auberginenscheiben überbacken

Für 4 Personen

■ **Zubereitungszeit**
15 Minuten

■ **Garzeit**
20 Minuten

■ **Ruhezeit**
20 Minuten

■ **Zutaten**
2 große Auberginen
Olivenöl
8 Scheiben Parma-Schinken
8 Scheiben Parmesan-Käse
Kräuter der Provence
frischer Basilikum
Meersalz, Pfeffer

Den Backofen auf 200 °C vorheizen.

Auberginen der Länge nach halbieren und in 1 cm dicke Scheiben schneiden. Auf jeder Seite stark salzen und auf einem Teller 20 Minuten ziehen lassen. Anschließend mit Küchenkrepp trockentupfen.

In einer antihaftbeschichteten Pfanne Olivenöl erhitzen und die Auberginenscheiben darin andünsten. Leicht salzen und pfeffern. Beiseite stellen.

Parma-Schinkenscheiben einige Sekunden in die noch warme Pfanne legen.

Je eine Auberginenscheibe mit einer Schinken- und Käsescheibe belegen und auf ein gefettetes Bratblech legen. Mit Kräutern der Provence bestreuen. In den vorgeheizten Backofen schieben und 10–15 Minuten überbacken, bis der Käse geschmolzen ist.

Mit Basilikumblättern garniert servieren.

Gefüllte Champignons

Für 4 Personen

■ **Zubereitungszeit**
20 Minuten
■ **Garzeit**
35 Minuten

■ **Zutaten**
12 Riesenchampignons
2 Zwiebeln, fein gehackt
2 EL Olivenöl
2 Knoblauchzehen, gepresst
50 g roher Schinken ohne
   Fellrand, fein gehackt
100 g Hähnchenbrust, fein
   gehackt
50 ml Gemüsebrühe
2 EL Parmesan, gerieben
2 EL Petersilie, gehackt
Meersalz, Pfeffer

Champignons putzen und erdige Stielenden abschneiden. Die Haut von den Hüten abziehen. Stiele abschneiden und diese fein hacken.

Olivenöl in einem Schmortopf erhitzen. Gehackte Zwiebeln zufügen und glasig dünsten. Gehackte Champignonstiele und gepressten Knoblauch zufügen. Eine Minute unter ständigem Rühren garen.

Gemüsebrühe, Schinken- und Hähnchenbruststücke zufügen. Salzen und pfeffern.

Den Backofen auf 190 °C vorheizen.

Champignons mit der Schinkenmischung füllen und in eine leicht eingeölte Auflaufform geben. Mit einigen Tropfen Olivenöl beträufeln und mit Parmesan bestreuen. Im vorgeheizten Backofen 20–30 Minuten bei 190 °C backen.

Sofort auf einem Salatbett mit Petersilie bestreut servieren.

Kalbsschnitzel mit Paprika

Für 4 Personen

■ **Zubereitungszeit**
15 Minuten
■ **Garzeit**
50 Minuten

■ **Zutaten**
2 grüne Paprikaschoten
2 rote Paprikaschoten
5 EL Olivenöl
6 Tomaten
3 Knoblauchzehen
3 Schalotten
100 ml Rotwein, tanninhaltig
1 TL Paprikagewürz, edelsüß
4 Kalbsschnitzel je 200 g
1 EL Gänsefett
3 Stängel glatte Petersilie, gehackt
1 Zitrone
Meersalz, Pfeffer

Paprikaschoten halbieren und entkernen. In kochendem Wasser 10 Minuten blanchieren. Abtropfen lassen und in 1 cm breite Streifen schneiden.

In einer Kasserolle 2–3 Esslöffel Olivenöl erhitzen. Paprikaschoten zufügen und bei mittlerer Hitze 10–15 Minuten garen. Regelmäßig wenden.

Tomaten etwa 1 Minute in kochendes Wasser legen und anschließend mit kaltem Wasser abschrecken. Häuten, vierteln und entkernen. Beiseite stellen.

Knoblauch und Schalotten schälen und fein hacken. In einer antihaftbeschichteten Pfanne in 2 Esslöffeln Olivenöl glasig dünsten. Tomatenfruchtfleisch und Rotwein zufügen. Salzen, pfeffern und 15 Minuten garen. Gegarte Paprikaschoten und Paprikagewürz dazugeben. Beiseite stellen.

Kalbsschnitzel salzen und pfeffern. Gänsefett in einer antihaftbeschichteten Pfanne erhitzen. Schnitzel von beiden Seiten je 8 Minuten braten.

Kalbsschnitzel auf vorgewärmte Teller geben und mit der Paprika-Tomaten-Sauce überziehen. Mit Zitronenscheiben garnieren und mit gehackter Petersilie bestreut servieren.

Auberginen-Gratin mit Speckstreifen

Für 4 Personen

- ■ **Zubereitungszeit**
  30 Minuten
- ■ **Garzeit**
  1 Stunde
- ■ **Ruhezeit**
  20 Minuten

- ■ **Zutaten**
  5 kleine Auberginen
  Olivenöl
  4 große Zwiebeln
  100 g magere Speckstreifen
  140 g Tomatenmark
  150 g Greyerzer, gerieben
  250 g Mozzarella
  Kräuter der Provence
  Meersalz, Pfeffer

Auberginen in ½ cm dicke Scheiben schneiden. Von beiden Seiten stark salzen und 20 Minuten auf einem Teller ziehen lassen. Anschließend mit Küchenkrepp abtupfen. Mit Olivenöl bepinseln und in einer großen antihaftbeschichteten Pfanne bei geringer Hitze weich garen.

Zwischenzeitlich Zwiebeln schälen, in dünne Scheiben schneiden und in einer weiteren Pfanne in 1 Esslöffel Olivenöl glasig dünsten.

Speckstreifen bei mittlerer Hitze auslassen und anschließend auf Küchenkrepp geben.
Auberginenscheiben auf Küchenkrepp abtropfen lassen. Den Backofengrill vorheizen.

Auberginenscheiben in einer großen Auflaufform verteilen. Gleichmäßig mit Tomatenmark bestreichen. Zwiebeln und Speck darüber geben und mit geriebenem Greyerzer bestreuen. Mozzarella in feine Scheiben schneiden und das Gratin damit bedecken. Leicht salzen, pfeffern und mit Kräutern der Provence bestreuen.

In den vorgeheizten Backofen schieben und grillen, bis der Mozzarella geschmolzen ist. Sofort servieren, am besten mit einem grünen Salat.

✱ Das Gratin kann auch in einzelnen Portionsförmchen zubereitet werden.

Chicorée-Schinken-Gratin

Für 4 Personen

■ **Zubereitungszeit**
5 Minuten
■ **Garzeit**
15 Minuten

■ **Zutaten**
4 Chicoréestauden
8 Scheiben gekochter Schinken
Olivenöl
300 ml fettarme flüssige
   Crème fraîche (7,5 % Fett)
200 g Greyerzer, gerieben
3 Stängel Petersilie
Meersalz, Pfeffer

Chicoréestrunk und äußere Blätter entfernen.

Chicorée 5 Minuten in kochendem Wasser blanchieren.
Über einem Sieb abgießen, abtropfen und abkühlen lassen.
Halbieren und nochmals abtropfen lassen. Salzen, pfeffern.

Die Chicoréehälften in je eine Schinkenscheibe einrollen
und in eine zuvor mit Olivenöl eingeölte Auflaufform legen.

Den Backofen auf 200 °C vorheizen.

In einer Schüssel Crème fraîche und 125 g Greyerzer verrühren, bis eine gleichmäßige Sauce entsteht. Sauce über
den Chicorée geben und restlichen Käse darüber streuen.
In den Ofen schieben und 10–15 Minuten bei 200 °C
garen, bis der Käse angebräunt und geschmolzen ist.

Petersilie waschen, trockenschleudern, von den Stängeln
zupfen und grob hacken.

Chicorée-Gratin mit Petersilie garniert servieren.

Entrecote in Rotwein

Für 4 Personen

Schalotten schälen und fein hacken.

■ **Zubereitungszeit**
5 Minuten

■ **Garzeit**
20 Minuten

In einer antihaftbeschichteten Pfanne 1 Esslöffel Gänsefett erhitzen und die Schalotten darin glasig dünsten.

Wein zufügen und einkochen lassen. Salzen, pfeffern und bei geringer Hitze warm halten.

■ **Zutaten**
10 Schalotten
2 EL Gänsefett
250 ml Rotwein, tanninhaltig
2 Entrecotes je 400 g
1 Bund Petersilie, gehackt
Meersalz, Pfeffer

In einer anderen antihaftbeschichteten Pfanne 1 Esslöffel Gänsefett erhitzen und die Entrecotes darin bei starker Hitze 2–4 Minuten von beiden Seiten anbraten.

Entrecotes in 3 cm breite Streifen schneiden.

Auf vorgewärmte Teller geben und mit der Schalotten-Sauce überziehen.

Mit gehackter Petersilie garniert servieren.

Schweinekotelett auf grünen Linsen

Für 6 Personen

■ **Zubereitungszeit**
5 Minuten
■ **Garzeit**
40 Minuten

■ **Zutaten**
1 l Gemüsebrühe
1 große Zwiebel
1 EL Gänsefett
6 Schweinekoteletts
150 g geräucherter Speck,
    gewürfelt
500 g grune Linsen
1 kleine Zwiebel
3 Gewürznelken
1 Bund frische Kräuter (Thymian,
    Majoran, Petersilie)
Meersalz, Pfeffer

Gemüsebrühe in einen Topf geben und erhitzen.

Die große Zwiebel schälen und in dünne Scheiben schneiden.

In einer antihaftbeschichteten Pfanne 1 Esslöffel Gänsefett erhitzen. Schweinekoteletts bei starker Hitze von jeder Seite 1 Minute darin anbraten. Beiseite stellen.

In derselben Pfanne die Zwiebeln und den Speck braten.

Linsen in die kochende Gemüsebrühe geben. Gedünstete Zwiebelscheiben und Speckwürfel ohne das Bratfett hineingeben.

Die kleine Zwiebel schälen und im Ganzen zufügen. Kräuterbund waschen und ebenfalls hineingeben. Koteletts darüber legen und abgedeckt 30 Minuten garen. Darauf achten, dass die Linsen nicht zerkochen.

Vor dem Servieren die kleine Zwiebel und das Kräuterbund entfernen.

Schweinefilet-Spieße mit Backpflaumen

Für 4 Personen

◼ **Zubereitungszeit**
20 Minuten

◼ **Garzeit**
10 Minuten

◼ **Zutaten**
12 Trockenpflaumen, entsteint
200 ml Weißwein
1 kleines Schweinefilet
4 Zwiebeln
12 Scheiben magerer geräucherter Frühstücksspeck (Bacon)
8 Lorbeerblätter
Olivenöl
Kräuter der Provence
Meersalz, Pfeffer

Trockenpflaumen bei mittlerer Hitze 5 Minuten in Weißwein pochieren.
Herd ausschalten und noch 10 Minuten quellen lassen.

Das Schweinefilet in 10 Stücke schneiden.

Zwiebeln schälen und vierteln.

Pflaumen abtropfen lassen und einzeln in je eine Scheibe Speck einrollen.

Abwechselnd Lorbeerblätter, Filetstücke, Zwiebelviertel und Pflaumen in Schinken auf Spieße stecken.

Mit einigen Tropfen Olivenöl beträufeln. Salzen, pfeffern und mit den Kräutern der Provence bestreuen.

Im Backofengrill von jeder Seite 5 Minuten grillen.

Sofort servieren. Lorbeerblätter vor dem Verzehr entfernen.

✱ Zu diesem Gericht passt Ratatouille (Rezept S. 210).

Rinderfilet auf Schalottenbett

Für 4 Personen

■ **Zubereitungszeit**
12 Minuten
■ **Garzeit**
15 Minuten

■ **Zutaten**
600 g Schalotten
2 EL Gänsefett
4 Rinderfilets je 200 g
1 Stängel glatte Petersilie
1 Stängel frischer Thymian
Meersalz, Pfeffer

Den Backofen auf 100 °C vorheizen.

Schalotten schälen und in feine Scheiben schneiden.

Gänsefett in einer großen antihaftbeschichteten Pfanne erhitzen und Schalottenscheiben darin leicht anbräunen. Salzen und pfeffern. Schalottenscheiben aus der Pfanne nehmen und auf einem Küchenkrepp abtropfen lassen. Anschließend im Backofen warm halten.

In derselben Pfanne, im noch vorhandenen Fett, die Rinderfilets bei sehr starker Hitze 1–2 Minuten von jeder Seite braten (nicht durchbraten). Salzen und pfeffern.

Petersilie und Thymian waschen, trockenschleudern und von den Stängeln zupfen.

Schalotten auf angewärmte Teller verteilen und die Rinderfilets darüber geben.

Mit Petersilie und Thymian garniert servieren.

Rindergeschnetzeltes rustikal

Für 4 Personen

■ **Zubereitungszeit**
15 Minuten

■ **Garzeit**
15 Minuten

■ **Zutaten**
2 Zwiebeln
1 EL Gänsefett
110 g Champignons in
Scheiben (Dose)
500 g Rinderfilet
100 g Cornichons, gehackt
1 EL Paprikagewürz
Cayennepfeffer
150 ml Rotwein
150 g fettarme Crème
fraîche (15 % Fett)
Meersalz, Pfeffer

Zwiebeln schälen und hacken.

Champignons über einem Sieb abtropfen lassen.

Gänsefett in einer großen antihaftbeschichteten Pfanne erhitzen und Zwiebeln darin andünsten.

Champignonscheiben zufügen und 2 Minuten garen. Champignons und Zwiebeln ohne das Fett entnehmen und in einen Schmortopf geben.

Rinderfilet in 5–6 cm lange und 1 cm dicke Streifen schneiden.

Filetstreifen in der antihaftbeschichteten Pfanne im verbliebenen Gänsefett 1 Minute von jeder Seite anbraten. Salzen, pfeffern. Zur Champignon-Zwiebel-Mischung in den Schmortopf geben.

Gehackte Cornichons, Paprika, 2 Prisen Cayennepfeffer und Rotwein zufügen und bei mittlerer Hitze 3 Minuten unter Rühren garen. Crème fraîche zugeben und weitere 3 Minuten garen.

Heiß servieren.

✱ Zu diesem Gericht passt Brokkoli, Blumen- oder Rosenkohl.

Lammkarree mit Champignons

Für 4 Personen

■ **Zubereitungszeit**
10 Minuten

■ **Garzeit**
25 Minuten

■ **Zutaten**
400 g frische Champignons
Saft einer Zitrone
16 kleine Zwiebeln
5 Knoblauchzehen
1,3 kg Lammrippen (12 Rippen)
Olivenöl
Kräuter der Provence
100 ml Weißwein, trocken
4 Stängel frischer Rosmarin
Meersalz, Pfeffer

Champignons von den erdigen Stielansätzen befreien, waschen oder mit einem Pinsel säubern. In Scheiben schneiden und mit Zitronensaft beträufeln.

Zwiebeln und Knoblauch schälen und in Scheiben schneiden.

Den Backofen auf 240 °C vorheizen.

Lammrippen in einen Bräter geben. Knoblauch darüber verteilen. Mit Olivenöl beträufeln und mit Kräutern der Provence bestreuen. 15 Minuten in den Ofen schieben. Salzen, pfeffern und 7–10 Minuten weitergaren. (7 Minuten rot, 10 Minuten durch).

Zwischenzeitlich 2 Esslöffel Olivenöl in eine antihaftbeschichtete Pfanne geben und die Zwiebelscheiben darin andünsten. Champignonscheiben zufügen. Salzen, pfeffern. Regelmäßig umrühren.

Lammrippen zerteilen, je 3 Rippen auf einen vorgewärmten Teller geben. Mit Gemüse umlegen.

Weißwein in den Bräter gießen und Bratensatz vom Boden lösen. Dann in die Pfanne geben und Bratenansatz lösen.

Lammrippen mit Sauce überzogen und mit einem Rosmarinstängel garniert servieren.

Piperade baskischer Art

Für 4 Personen

■ **Zubereitungszeit**
20 Minuten

■ **Garzeit**
1 Stunde

■ **Zutaten**
4 grüne Paprikaschoten
2 große Zwiebeln
4 Knoblauchzehen
2 EL Olivenöl
6 Tomaten
6 Eier
Cayennepfeffer
1 EL Gänsefett
4 Scheiben roher Schinken
Meersalz, Pfeffer

Paprikaschoten waschen, vierteln, entkernen. 2–3 Minuten in kochendem Wasser blanchieren.

Zwiebeln schälen und in dünne Scheiben schneiden.

Knoblauchzehen schälen und vierteln.

Tomaten waschen, trockentupfen und vierteln.

Olivenöl in einen Schmortopf geben und erhitzen. Zwiebelscheiben zufügen und bei mittlerer Hitze glasig dünsten. Tomaten-, Paprikaschoten- und Knoblauchviertel zugeben. Salzen, pfeffern und 30–40 Minuten garen.

Eier in einer Schüssel verquirlen. Salzen, pfeffern. In den Schmortopf geben und ohne Rühren stocken lassen. Mit einer Prise Cayennepfeffer würzen.

Gänsefett in einer antihaftbeschichteten Pfanne erhitzen und den Schinken 10–15 Sekunden von jeder Seite anbraten. Auf die Piperade geben und sofort servieren.

Auberginen-Omelett

Für 4 Personen

■ **Zubereitungszeit**
20 Minuten
■ **Garzeit**
35 Minuten

■ **Zutaten**
1 Aubergine
3 Tomaten
½ EL Olivenöl
1 Zwiebel
6 Eier
100 g Greyerzer, gerieben
Meersalz, Pfeffer

Aubergine waschen, vom Stielansatz befreien und in 2 cm große Würfel schneiden. 20–30 Minuten dämpfen. In einem Sieb abtropfen lassen.

Tomaten etwa 1 Minute in kochendes Wasser legen und anschließend kalt abschrecken. Häuten und entkernen. Das Fruchtfleisch in kleine Stücke schneiden. Auf einem Küchenkrepp gut abtropfen lassen.

Den Backofengrill vorheizen.

Zwiebel schälen und in feine Scheiben schneiden. Olivenöl in einer großen antihaftbeschichteten Pfanne erhitzen und Zwiebelscheiben darin glasig dünsten. Zwiebelscheiben in eine gefettete Auflaufform geben.

In der Zwischenzeit die Eier in einer Schüssel mit einem Schneebesen verquirlen. Salzen, pfeffern. Auberginen und Tomatenstücke zufügen, umrühren.

Eimasse in die Auflaufform über die Zwiebeln geben. Auflaufform in den Backofen stellen und grillen, bis das Ei gestockt ist. Geriebenen Greyerzer gleichmäßig darüber verteilen. Weitergrillen, bis der Käse geschmolzen ist.

Heiß servieren mit einem Salat der Saison.

Gemüse-Tortilla mit Chorizo

Für 4 Personen

◼ **Zubereitungszeit**
15 Minuten
◼ **Garzeit**
10 Minuten

◼ **Zutaten**
1 Zwiebel
2 Knoblauchzehen, gehackt
1 rote Paprikaschote
50 g Erbsen (Dose)
4 Spargelstangen (Glas)
50 g Champignons, in Scheiben
200 g roher Schinken
100 g Chorizo (Paprikasalami)
1 Artischockenherz
2 EL Olivenöl
8 Eier
2 Stängel glatte Petersilie
Meersalz, Pfeffer

Zwiebel schälen und in dünne Scheiben schneiden. Champignons von den erdigen Stielansätzen befreien, waschen, putzen und in Scheiben schneiden. Paprikaschote halbieren, entkernen und in kleine Stücke schneiden.

Erbsen und Spargelstangen in ein Sieb geben und abtropfen lassen.

Schinken in feine Streifen und Chorizo in Scheiben schneiden. Spargel in 2 cm lange Stücke teilen. Artischockenherz in Stücke schneiden.

In einer antihaftbeschichteten Pfanne 1 Esslöffel Olivenöl erhitzen. Zwiebel- und Champignonscheiben sowie Paprikastücke zufügen. Vermengen und garen. Gehackten Knoblauch dazugeben.

Eier in einer Schüssel verquirlen. Salzen, pfeffern. Paprika-Champignon-Mischung aus der Pfanne und übrige Zutaten zufügen und vermengen.

1 Esslöffel Olivenöl in der antihaftbeschichteten Pfanne erhitzen. Ei-Gemüse-Mischung hineingeben und bei mittlerer Hitze abgedeckt stocken lassen.

Mit Petersilie garniert sofort servieren.

Omelett andalusisch

Für 4 Personen

■ **Zubereitungszeit**
10 Minuten

■ **Garzeit**
10 Minuten

■ **Zutaten**
5 Tomaten
3 große Zwiebeln
2 rote Paprikaschoten
2 ½ EL Olivenöl
8 Eier
Petersilie
Meersalz, Pfeffer

Tomaten etwa 1 Minute in kochendes Wasser legen und danach kalt abschrecken. Häuten, entkernen und in kleine Stücke schneiden. Zum Abtropfen in ein Sieb geben.

Zwiebeln schälen und hacken.

Paprikaschoten halbieren, entkernen und in sehr feine Streifen schneiden.

Zwiebeln in einem Schmortopf mit 2 Esslöffeln Olivenöl leicht andünsten. Paprikastreifen zufügen und bei geringer Hitze garen. Regelmäßig umrühren. Tomatenstücke hineingeben.

Eier in eine große Schüssel geben und verquirlen. Salzen, pfeffern. ½ Esslöffel Olivenöl in einer antihaftbeschichteten Pfanne erhitzen. Eimasse zufügen und bei mittlerer Hitze 2–3 Minuten abgedeckt garen. Sobald die Ränder etwas fest werden, die Hälfte des Gemüses in der Mitte verteilen. Omelett abgedeckt fertig garen. Eventuell vorsichtig wenden, damit das Omelett gleichmäßig gart.

Zum Servieren auf Teller geben und das restliche Gemüse darauf verteilen. Mit Petersilie garnieren.

Gefüllte Auberginen à la Provence

Für 4 Personen

■ **Zubereitungszeit**
15 Minuten
■ **Garzeit**
50 Minuten

■ **Zutaten**
2 mittelgroße Auberginen
3 EL Olivenöl
200 g frische Champignons
   oder Dose
2 Knoblauchzehen, gehackt
1 EL Minze, gehackt
1 EL Petersilie, gehackt
60 g schwarze Oliven, entsteint,
   in feine Scheiben geschnitten
1 Ei
Meersalz
frisch gemahlener Pfeffer

Den Backofen auf 210 °C vorheizen.

Auberginen waschen, Enden abschneiden, der Länge nach halbieren. Fruchtfleisch mit einem Messer heraustrennen und würfeln ohne dabei die Schale zu beschädigen. Salzen, mit etwas Olivenöl beträufeln und in die Auberginenhälften geben. Auberginen auf ein leicht gefettetes Bratblech legen und im Ofen 30 Minuten bei 210 °C garen.

Champignons putzen, waschen, abtropfen lassen und hacken. In einem Schmortopf 2–3 Esslöffel Olivenöl erhitzen. Gehackte Champignons hineingeben und unter mehrmaligem Umrühren garen. Beiseite stellen.

Auberginen aus dem Ofen nehmen Mit einem Löffel das Fruchtfleisch entnehmen ohne die Haut der Auberginen zu beschädigen. Fruchtfleisch mit einer Gabel zerdrücken und zu den Champignons geben. Schmortopf wieder auf den Herd stellen. Auberginen-Champignon-Mischung 1–2 Minuten garen. Gut umrühren. Herd abschalten.

Knoblauch, Minze, Petersilie, Olivenscheiben und aufgeschlagenes Ei zufügen. Salzen, pfeffern, umrühren.

Auberginenschalen mit der Mischung füllen. In eine gefettete Auflaufform geben und 15 Minuten im Backofen garen.

Heiß servieren und dazu grünen Salat reichen.

Paprika gefüllt mit Basmatireis

Für 4 Personen

■ **Zubereitungszeit**
15 Minuten
■ **Garzeit**
45 Minuten

■ **Zutaten**
2 Zwiebeln
4 rote Paprikaschoten
50 g Tomatenmark
400 g gekochter Basmatireis
3 Eiweiß
1 EL Estragon, frisch oder
  getrocknet
1 EL Kardamom
Meersalz, Pfeffer

Zwiebeln schälen und in dünne Scheiben schneiden.
15 Minuten dämpfen.

Paprikaschoten waschen, längs halbieren und entkernen.
20–25 Minuten im Dampf garen.

Den Backofen auf 180 °C vorheizen.

Tomatenmark mit 1 Esslöffel heißem Wasser verrühren.

In einer Schüssel gekochten Basmatireis, Tomatenmark,
Zwiebelscheiben und Eiweiß vermengen.

Estragon und Kardamom zufügen. Salzen, pfeffern.
Gut verrühren, bis eine gleichmäßige Masse entsteht.

Paprikaschoten mit der Reis-Mischung füllen und in eine
geölte Auflaufform geben. In den Backofen schieben und
20 Minuten bei 180 °C garen.

✱ Dieses kohlenhydrathaltige Gericht ohne Fett eignet
sich gut für Phase I. Dazu passt Tomatensauce mit
Basilikum (siehe S. 218).

Tofu-Spieße

Für 4 Personen

■ **Zubereitungszeit**
10 Minuten
■ **Garzeit**
15 Minuten

■ **Zutaten**
4 große Tomaten
4 Zwiebeln
1 rote Paprikaschote
1 grüne Paprikaschote
200 g Tofu, geräuchert
½ TL Kümmel, gemahlen
½ TL Muskatnuss, gerieben
Olivenöl
Meersalz

Tomaten waschen, mit Küchenkrepp trockentupfen und in sechs Spalten schneiden.

Zwiebeln schälen und in sechs Spalten schneiden.

Paprikaschoten waschen, entkernen und in etwa 3 cm große Stücke zerteilen.

Tofu ebenfalls in etwa 3 cm große Würfel teilen.

Den Backofen auf 210 °C vorheizen.

Auf vier Holz- oder Metallspieße abwechselnd Tomaten-, Zwiebel-, Paprika- und Tofustücke aufstecken. Mit Kümmel und Muskatnuss bestäuben. 12–15 Minuten bei 210 °C grillen oder backen.

Nach Ende der Garzeit leicht salzen.

Mit einigen Tropfen Olivenöl beträufeln und servieren.

Chili vegetarisch

Für 5 Personen

■ **Zubereitungszeit**
20 Minuten
■ **Garzeit**
30 Minuten

■ **Zutaten**
1 grüne Paprikaschote
3 Zwiebeln
2 EL Olivenöl
2 Knoblauchzehen, gepresst
800 g rote Bohnen (Dose)
400 g Champignons in
  Scheiben (Dose)
400 g geschälte Tomaten (Dose)
250 ml Tomatenpüree
6 TL Tomatenmark
1 TL Kümmel, gemahlen
3 TL Chili, gemahlen
1 TL Oregano, getrocknet
1 EL Kakaopulver, ungezuckert
Cayennepfeffer
250 ml Rotwein
Meersalz, Pfeffer

Paprikaschote waschen, halbieren, entkernen und in kleine Stücke schneiden.

Zwiebeln schälen und in Scheiben schneiden.

In einer antihaftbeschichteten Pfanne Zwiebelscheiben in etwas Olivenöl glasig dünsten. Paprikastücke zufügen und garen. Knoblauch dazugeben.

Bohnen über einem Sieb abgießen, kurz abspülen und abtropfen lassen.

Champignons in ein Sieb geben und abtropfen lassen.

Saft der geschälten Tomaten abgießen.

In eine Kasserolle Bohnen, Champignons und Tomaten geben. Vermengen, salzen und pfeffern. Rotwein, Tomatenpüree, Tomatenmark, Kümmel, Chili, Oregano, 1 Prise Cayennepfeffer und Kakaopulver zufügen.

Bei geringer Hitze 20–25 Minuten garen. Eventuell nachwürzen. Für mehr Schärfe etwas Chili und Kümmel zugeben.

In tiefe Teller füllen und heiß servieren.

Tomaten mit Tofu-Gemüsefüllung

Für 4 Personen

■ **Zubereitungszeit**
15 Minuten
■ **Garzeit**
1 Stunde 10 Minuten

■ **Zutaten**
8 Tomaten
2 Zwiebeln
3 Knoblauchzehen, gehackt
400 g Champignons,
  in Scheiben (Dose)
250 g Tofu
Olivenöl
2 EL Petersilie, gehackt
3 Eiweiß
Kräuter der Provence
Meersalz, Pfeffer

Tomaten oben waagerecht aufschneiden und aushöhlen. Fruchtfleisch in eine Schüssel geben und beiseite stellen. Tomaten mit der Öffnung nach unten über einem Sieb abtropfen lassen.

Zwiebeln schälen und in dünne Scheiben schneiden.

Champignons über einem Sieb abtropfen lassen.

Tofu in eine Schüssel geben und mit der Gabel zerkleinern.

1 Esslöffel Olivenöl in einer großen antihaftbeschichteten Pfanne erhitzen. Zwiebeln darin glasig dünsten. Gehackten Knoblauch zufügen. Vermengen. Tofu zugeben, 2 Minuten kochen lassen und dabei umrühren. Champignonscheiben und Petersilie dazugeben. 1–2 Minuten garen.

Tomatenfruchtfleisch zufügen. Unter Rühren 2 Minuten kochen lassen. Salzen, pfeffern. In eine Schüssel geben und abkühlen lassen. Den Backofen auf 180 °C vorheizen.

Eiweiß mit der abgekühlten Tofumasse vermengen. Tomaten mit der Tofumischung füllen und auf ein mit Olivenöl eingefettetes Backblech setzen. Mit etwas Olivenöl beträufeln und mit einer Prise Kräuter der Provence bestreuen. In den Backofen schieben und 1 Stunde bei 180 °C backen.

Tofu mit grünen Linsen

Für 4 Personen

■ **Zubereitungszeit**
5 Minuten
■ **Garzeit**
45 Minuten

■ **Zutaten**
250 g grüne Berglinsen
750 ml Gemüsebrühe
1 Bund Kräuter (Petersilie,
  Thymian, Rosmarin ...)
1 Zwiebel
½ EL Olivenöl
400 g Tofu
1 EL Tamari-Sauce
Meersalz, Pfeffer

Linsen mit 750 ml Gemüsebrühe in einen Topf geben.

Kräuterbund waschen, abtropfen lassen und zufügen.
Linsen 40 Minuten bei geringer Hitze kochen. Salzen.

Zwiebel schälen und in dünne Scheiben schneiden.

In einer antihaftbeschichteten Pfanne in Olivenöl glasig
dünsten. Zu den Linsen geben.

Wenn die Linsen gar sind, nochmals salzen und pfeffern.

Tofu in 2–3 cm große Würfel schneiden.

In die Pfanne, in der die Zwiebeln angedünstet wurden,
wenn nötig noch etwas Olivenöl geben und Tofuwürfel bei
starker Hitze 2–3 Minuten anbraten. Tamari-Sauce zufügen
und umrühren.

Linsen auf Teller verteilen. Tofuwürfel mit der Sauce
darüber geben. Eventuell mit einigen Tropfen Olivenöl
beträufeln und sofort servieren.

Ratatouille

Für 5 Personen

■ **Zubereitungszeit**
15 Minuten
■ **Garzeit**
45 Minuten

■ **Zutaten**
3 rote Paprikaschoten
5 EL Olivenöl
4 Auberginen
5 Zwiebeln
1 TL Kräuter der Provence
250 g Tomatenpüree
100 g Tomatenmark
Basilikumblätter
Meersalz, Pfeffer

Paprikaschoten halbieren und das Kerngehäuse entfernen.
In Stücke schneiden und beiseite stellen.

Auberginen waschen, Enden abschneiden und in 2–3 cm
große Würfel schneiden, Paprika- und Auberginenstücke
40 Minuten dämpfen.
In ein großes Sieb geben und ½ Stunde abtropfen lassen.

Zwiebeln schälen und in dünne Scheiben schneiden.
2 Esslöffel Olivenöl in einer antihaftbeschichteten Pfanne
erhitzen und Zwiebeln darin glasig dünsten. Salzen,
pfeffern und Kräuter der Provence zufügen.

Abgetropfte Auberginen- und Paprikastücke in einen
großen Topf geben. Zwiebeln, Tomatenpüree, Tomatenmark
und 3 Esslöffel Olivenöl zugeben. Salzen, pfeffern und gut
vermengen. Kurz aufkochen lassen.

Heiß servieren. Als Beilage zu Fleisch oder Fisch.
Oder als kalte Vorspeise mit ein paar Tropfen Olivenöl
beträufelt und Basilikumblättern garniert servieren.

Gemüse-Gratin provenzalisch

Für 4 Personen

■ **Zubereitungszeit**
20 Minuten

■ **Garzeit**
1 Stunde

■ **Zutaten**
4 Auberginen
3 Zwiebeln
Olivenöl
4 Zucchini
8 Tomaten
3 TL Knoblauch, granuliert
4–5 Stängel Petersilie
2 TL Kräuter der Provence
10 Basilikumblätter
Meersalz, Pfeffer

Auberginen waschen und die Enden abschneiden.
In 1 cm dicke Scheiben schneiden. 15 Minuten dämpfen
und abtropfen lassen.

Zwiebeln schälen, in dünne Scheiben schneiden und mit
2 Esslöffeln Olivenöl in einer antihaftbeschichteten Pfanne
glasig dünsten. Zucchini in dünne Scheiben schneiden und
zu den Zwiebeln geben. Etwas Öl zufügen und dünsten.

Den Backofen auf 170 °C vorheizen. Tomaten halbieren
entkernen und in Scheiben schneiden.

Eine Auflaufform einölen und die Auberginen-, Zucchini-,
Zwiebel- und Tomatenscheiben einschichten. Mit Tomaten
enden. Mit Knoblauch bestäuben.

Petersilie waschen und abtropfen lassen. Von den Stängeln
zupfen und hacken.

Gehackte Petersilie und getrocknete Kräuter der Provence
zufügen. Salzen, pfeffern und mit einigen Tropfen Olivenöl
beträufeln. In den vorgeheizten Backofen schieben und
40–45 Minuten garen.

Mit Basilikumblättern garniert servieren.

Zuckererbsenschoten mit Speckwürfeln

Für 4 Personen

■ **Zubereitungszeit**
10 Minuten
■ **Garzeit**
15 Minuten

■ **Zutaten**
500 g Zuckererbsenschoten
3 EL Olivenöl
100 g frischer Schinkenspeck
Meersalz, Pfeffer

Zuckererbsenschoten waschen, abtropfen lassen und die Enden abschneiden.

Olivenöl in einer großen antihaftbeschichteten Pfanne erhitzen. Zuckererbsenschoten hineingeben, abdecken und bei geringer Hitze 10 Minuten garen. Alle 2 Minuten wenden.

Den Schinkenspeck in feine Streifen schneiden.

In einer anderen antihaftbeschichteten Pfanne die Speckstreifen auslassen.

Angebratene Speckstreifen zu den Zuckerschoten geben und vermengen. Nach Bedarf noch leicht salzen und pfeffern.

Etwa 5 Minuten abgedeckt, bei geringer Hitze weitergaren. Ständig wenden.

Als Beilage zu Fleisch, Geflügel und Fisch oder als Vorspeise servieren.

Tomatensauce Bolognese

Für 4 Personen

■ **Zubereitungszeit**
20 Minuten

■ **Garzeit**
20 Minuten

■ **Zutaten**
8 Tomaten
3 ½ EL Olivenöl
100 g Speckwürfel
400 g Rinderhackfleisch
4 Zwiebeln, in Scheiben
4 Knoblauchzehen, gehackt
100 g frische Champignons,
   in Scheiben
5 TL Tomatenmark
evtl. 150 ml Rotwein
150 ml Gemüsebrühe
Muskatnuss, gemahlen
1 Bund Kräuter, gehackt
   (Thymian, Rosmarin,
   Petersilie ...)
150 g Naturjoghurt
Meersalz, Pfeffer

Tomaten etwa 1 Minute in kochendes Wasser legen. Mit kaltem Wasser abschrecken. Haut abziehen, halbieren und entkernen. Tomaten in Stücke schneiden und über einem Sieb gut abtropfen lassen.

½ Esslöffel Olivenöl in eine große antihaftbeschichtete Pfanne geben und Speckstreifen darin anbraten.

Rinderhackfleisch zufügen und unter Rühren krümelig braten. Vom Herd nehmen und beiseite stellen.

3 Esslöffel Olivenöl in einer Pfanne erhitzen und die Zwiebelscheiben darin glasig dünsten.

Knoblauch, Champignons, Hackfleisch, Tomaten, Gemüsebrühe, (und evtl. Rotwein), eine Prise Muskatnuss und gehackte Kräuter dazugeben. Vermengen und abgedeckt bei geringer Hitze 15 Minuten garen.

Joghurt zufügen, gut umrühren und Sauce bei niedriger Temperatur noch etwas ziehen lassen.

Eventuell nachwürzen.

Tomatensauce mit Basilikum

Für 4 Personen

■ **Zubereitungszeit**
5 Minuten
■ **Garzeit**
15 Minuten

■ **Zutaten**
400 g Tomatenpüree
3 TL Knoblauch, granuliert
2 EL Basilikum, getrocknet
1 EL Tomatenmark
150 g Joghurt, entrahmt (0 %)
Kräuter der Provence
einige frische Basilikumblätter
Meersalz, Pfeffer

Pürierte Tomaten in einen Topf oder eine Metallschüssel geben.

Knoblauchgranulat, getrocknetes Basilikum, Tomatenmark, Joghurt und 2 Messerspitzen Kräuter der Provence zufügen. Salzen und pfeffern.

In einem großen Topf Wasser erhitzen und den kleineren Topf oder die Metallschüssel hineinstellen. Tomatensauce im Wasserbad unter ständigem Rühren 15 Minuten erhitzen.

Eventuell nachwürzen.

Mit frischen Basilikumblättern garniert servieren.

✱ Diese Tomatensauce passt hervorragend zu Spaghetti al dente oder Basmatireis in Phase I.

Sauce tomate
Spaghettis

Tapenade provenzalisch

Für 4 Personen

🟦 **Zubereitungszeit**
15 Minuten
🟦 **Kühlzeit**
2–3 Stunden

🟦 **Zutaten**
4 Knoblauchzehen, gehackt
10 Sardellenfilets in Olivenöl
　(Dose)
300 g schwarze Oliven, entsteint
100 g Kapern, eingelegt
½ Bund frischer Thymian
Olivenöl
Pfeffer

Sardellenfilets über einem Sieb abgießen und abtropfen lassen, dabei das Öl auffangen.

Sardellen in kleine Stücke schneiden.

Sardellenstücke und gepressten Knoblauch mit dem aufgefangenen Öl in einer Schüssel vermengen.

Schwarze Oliven in sehr feine Stücke hacken.

Kapern über einem Sieb abgießen, abtropfen lassen und sehr klein schneiden.

Thymian waschen, trockenschleudern, Blätter von den Stängeln abstreifen und fein hacken.

Oliven-, Kapernstücke und gehackten Thymian zu den Sardellen in die Schüssel geben. Alles gut miteinander vermengen und so lange rühren, bis eine gleichmäßige Masse entsteht. Pfeffern.

Tapenade in eine Schüssel füllen, mit Frischhaltefolie abdecken und 2–3 Stunden in den Kühlschrank stellen.

DESSERTS

Pfirsichpudding

Für 6 Personen

■ **Zubereitungszeit**
15 Minuten
■ **Garzeit**
50 Minuten

■ **Zutaten**
1 kg frische Pfirsiche
(oder 2 Dosen à 850 ml,
ungezuckert)
250 g Schlagsahne, gekühlt
8 Eier
50 g Fruchtzucker
evtl. 40 ml Rum oder Cognac
3 TL Vanille-Extrakt

Den Backofen auf 160 °C vorheizen.

Frische Pfirsiche 5 Minuten in heißem Wasser pochieren,
Haut abziehen, halbieren und entsteinen.
Pfirsiche aus der Dose über einem Sieb sehr gut abtropfen
lassen und mit einem Küchenkrepp trockentupfen.

Die Hälfte der Pfirsiche in einem Mixer grob zerkleinern
oder in kleine Stücke schneiden. Übrige Pfirsichhälften in
eine gefettete Auflaufform geben.

Gekühlte Sahne mit dem Handrührgerät steif schlagen.

Eier in eine große Schüssel geben und verquirlen.

Pfirsichpüree oder -stücke, (Rum o. Cognac,) Vanille-
Extrakt und Fruchtzucker hinzufügen. Mit dem Schneebesen schaumig schlagen.

Sahne mit einem Spatel vorsichtig unterheben.

Eimasse auf die Pfirsichhälften in die Auflaufform geben.
In den Ofen schieben und 50 Minuten bei 160 °C backen.

Vor dem Servieren abkühlen lassen.

Schokoladenkuchen

Für 4 Personen

■ **Zubereitungszeit**
25 Minuten
■ **Garzeit**
15 Minuten

■ **Zutaten**
2 TL löslicher Kaffee
300 g Schokolade mit
    70 % Kakaogehalt
evtl. 25 ml Rum
1 unbehandelte Orange
6 große frische Bio-Eier
Meersalz

Löslichen Kaffee in 100 ml heißem Wasser auflösen.
Schokolade zerkleinern und mit dem Kaffee (und evtl. Rum)
im Wasserbad auflösen. Gut vermengen und zu einer
gleichmäßigen cremigen Masse rühren.

Orange gut waschen, abtrocknen und die oberste Schicht
der Schale mit einer feinen Reibe raspeln. Die Hälfte der
abgeriebenen Orangenschale zur Schokolade geben und
vermengen.

Eier trennen. Eigelb und Eiweiß in separate große Rühr-
schüsseln geben. Dem Eiweiß eine kleine Prise Salz
zufügen und mit einem Handrührgerät steif schlagen.

Den Backofen auf 250 °C vorheizen.

Schokolade zum Eigelb geben. So lange rühren, bis eine
gleichmäßige Creme entsteht. Eischnee mit einem Spatel
vorsichtig unter die Schokoladenmasse heben bis alles gut
vermengt ist. Aufpassen, dass der Eischnee nicht
zusammenfällt. In eine mit Backpapier ausgelegte
Kuchenform geben und mit der restlichen abgeriebenen
Orangenschale bestreuen.

In den vorgeheizten Backofen schieben und 8–10 Minuten
bei 250 °C backen.

Vor dem Servieren abkühlen lassen.

Mousse au Chocolat

Für 4 Personen

■ **Zubereitungszeit**
25 Minuten
■ **Kühlzeit**
5 Stunden

■ **Zutaten**
2 TL löslicher Kaffee
300 g Schokolade mit
    70 % Kakaogehalt
evtl. 25 ml Rum
1 unbehandelte Orange
6 große frische Bio-Eier
Meersalz

Löslichen Kaffee in 100 ml heißem Wasser auflösen.
Schokolade zerkleinern und mit dem Kaffee (und evtl. Rum)
im Wasserbad auflösen. Gut vermengen und so lange
rühren, bis die Schokoladenmasse cremig ist.

Orange gut waschen, abtrocknen und etwas von der
obersten Schicht der Schale mit einer feinen Reibe raspeln.
Die Hälfte der abgeriebenen Orangenschale zur Schokolade geben und vermengen.

Eier trennen. Eigelb und Eiweiß in separate große Rühr-
schüsseln geben. Eiweiß mit einem Handrührgerät unter
Zugabe einer Prise Salz steif schlagen.

Schokolade zum Eigelb geben. Vermengen bis eine
gleichmäßige Creme entsteht.

Eischnee mit einem Spatel vorsichtig unter die Schokoladenmasse heben, bis alles vermengt ist. Aufpassen, dass
der Eischnee nicht zusammenfällt.

Mousse in eine Schüssel oder Portionsschälchen geben.
Mit der restlichen abgeriebenen Orangenschale garnieren.

Vor dem Servieren mindestens 5 Stunden in den
Kühlschrank stellen.

Bayerische Creme mit roten Beeren

Für 4 Personen

▶ Am Vortag zubereiten

■ **Zubereitungszeit**
20 Minuten
■ **Garzeit**
5 Minuten
■ **Kühlzeit**
12 Stunden

■ **Zutaten**
20 g (12 Blatt) Gelatine
100 g Fruchtzucker
600 g rote Früchte (Himbeeren,
   Johannisbeeren, Brombeeren,
   Heidelbeeren ...)
250 g Schlagsahne, sehr kalt
½ Bund Minze

▶ Gelatineblätter in einer Schüssel mit kaltem Wasser einweichen.

In einem Topf 60 ml Wasser mit Fruchtzucker erhitzen. Bei geringer Wärmezufuhr zu Sirup einkochen.

Gelatineblätter gut auspressen und zum Sirup geben. Gelatine unter Rühren auflösen. Beiseite stellen.

Früchte waschen und putzen. Eventuell einige für die Garnierung beiseite stellen. Die Früchte in einen Mixer geben und pürieren. Gelatine-Mischung unterrühren.

Gekühlte Sahne mit einem Handrührgerät steif schlagen.

Fruchtmischung zur Sahne geben und vorsichtig vermengen.

Creme in eine mit Frischhaltefolie ausgelegte Form geben. Über Nacht in den Kühlschrank stellen.

Vor dem Servieren auf eine Platte stürzen, Folie abziehen und mit den beiseite gestellten Früchten und Minzeblättern garnieren.

Käsekuchen Korsika

Für 4 Personen

■ Zubereitungszeit
25 Minuten
■ Garzeit
40 Minuten

■ Zutaten
250 korsischer Frischkäse
  (Brocciu) – alternativ Ziegen-
  oder Schafsfrischkäse
1 unbehandelte Zitrone
3 Eier
5 EL Fruchtzucker
Meersalz
Olivenöl zum Einölen der Form

Den Backofen auf 180 °C vorheizen.

Frischkäse über einem Sieb abtropfen lassen.

Zitrone waschen, abtrocknen und mit einem Zestenreißer 4 feine 5–6 cm lange Streifen von der Zitronenschale abziehen. In einen kleinen Topf mit kochendem Wasser geben und 3 Minuten blanchieren. Abtropfen lassen und fein hacken.

Eier trennen, Eigelb und Eiweiß in je eine Schüssel geben. Fruchtzucker dem Eigelb zufügen. So lange schlagen, bis eine cremige Masse entsteht.

Frischkäse und gehackte Zitronenschale zum Eigelb geben. So lange rühren, bis eine glatte Masse entsteht.

Dem Eiweiß eine kleine Prise Salz zufügen und mit dem Handrührgerät zu festem Eischnee verarbeiten. Eischnee mit einem Spatel vorsichtig unter die Käsemischung heben.

Eine Kuchenform einölen. Käsemischung in die Form füllen. In den Backofen schieben und 35–40 Minuten bei 180 °C backen. Mit einem dünnen Holzstäbchen prüfen, ob der Kuchen gar ist. Bleibt nichts anhaften, ist er gar.

Kuchen abkühlen lassen und aus der Form nehmen.

Fruchtkompott

Für 4 Personen

■ **Zubereitungszeit**
20 Minuten

■ **Einweichzeit**
1 Stunde

■ **Garzeit**
6 Minuten

■ **Zutaten**
50 g Trockenpflaumen, entsteint
3 unbehandelte Orangen
4 Aprikosen
2 Pfirsiche
200 g blaue Weintrauben
200 g weiße Weintrauben
100 ml lieblicher Wein
   (Monbazillac)
3 EL Fruchtzucker
¼ EL Zimt, gemahlen
35 g Naturjoghurt
40 g Pistazien, gehackt

Pflaumen in eine Schüssel mit Wasser geben und 1 Stunde einweichen. Über einem Sieb abtropfen lassen.

Zwei Orangen auspressen. Die dritte Orange waschen, abtrocknen und mit einem Zestenreißer feine Streifen von der Schale abziehen. Die Orange schälen, zerteilen und Haut von den einzelnen Spalten abziehen oder filetieren.

Aprikosen waschen, halbieren und entsteinen. Pfirsiche für einige Sekunden in kochendes Wasser legen. Mit kaltem Wasser abschrecken, häuten, halbieren und entsteinen. In Scheiben schneiden.

Trauben waschen, trockentupfen und von den Stängeln zupfen.

Pfirsiche, Aprikosen, Weintrauben, Pflaumen und Orangenstücke in einen Topf geben. Orangensaft, Wein, Fruchtzucker und Zimt zufügen. Zum Kochen bringen und abgedeckt 5 Minuten köcheln. Früchte mit einem Schaumlöffel entnehmen und in eine Schüssel oder einzelne Schälchen geben. Den Saft zu Sirup einkochen lassen und in einer kleinen Schüssel mit dem Joghurt vermengen.

Kompott mit Joghurt-Sauce überziehen. Mit den Orangenstreifen und gehackten Pistazien garniert servieren.

Pflaumen-Mousse

Für 4 Personen

■ **Zubereitungszeit**
15 Minuten
■ **Einweichzeit**
1 Stunde
■ **Kühlzeit**
2 Stunden

■ **Zutaten**
1 Beutel Schwarztee
200 g Trockenpflaumen, entsteint
evtl. 50 ml Cognac
400 g Ziegenfrischkäse
100 ml flüssige fettarme
   Crème fraîche (7,5 % Fett)
1 TL Vanille-Extrakt
3 EL Fruchtzucker
50 g Mandeln, gehobelt
1 unbehandelte Orange

Eine Tasse starken Tee aufbrühen.

Tee, Pflaumen und eventuell Cognac in eine Schüssel geben und etwa 1 Stunde ziehen lassen.

Pflaumen über einem Sieb abtropfen lassen. Anschließend im Mixer oder mit dem Stabmixer pürieren.

Ziegenfrischkäse in eine Rührschüssel geben. Crème fraîche, Fruchtzucker und Vanille-Extrakt zufügen. Mit einem Handrührgerät schaumig rühren. Pflaumenpüree und gehackte Mandeln zugeben. Gut vermengen.

Pflaumen-Mousse in einzelne Portionsschälchen verteilen und mindestens 2 Stunden in den Kühlschrank stellen.

Mit einem Zestenreißer feine Streifen von der Orangenschale abziehen.

Vor dem Servieren mit den Orangenstreifen und gehobelten Mandeln garnieren.

Schokoladen-Parfait mit Himbeeren

Für 4 Personen

■ **Zubereitungszeit**
30 Minuten
■ **Garzeit**
20 Minuten
■ **Gefrierzeit**
4 Stunden

■ **Zutaten**
200 g Schokolade mit
   mind. 70 % Kakaogehalt
1 EL Fruchtzucker
evtl. 50 ml Rum
4 Eigelb
25 g Schlagsahne (35 % Fett)
250 g frische Himbeeren
25 g Pistazien, geschält,
   geröstet, gehackt

Himbeeren waschen, putzen und abtropfen lassen.
4 Himbeeren zur Garnierung beiseite legen.

Schokolade in kleine Stücke brechen und in eine
Metallschüssel geben. Im Wasserbad schmelzen.

1 Esslöffel Fruchtzucker und Rum oder 50 ml Wasser
in einen kleinen Topf geben. So lange bei niedriger
Temperatur erhitzen, bis ein Sirup entstanden ist.
Kurz abkühlen lassen.

In der Zwischenzeit das Eigelb cremig schlagen. Sirup
zufügen. Mit dem Handrührgerät auf höchster Stufe
4–5 Minuten weiterschlagen. Geschmolzene Schokolade
unterheben.

Sahne steif schlagen und vorsichtig mit einem Spatel unter
die Creme heben. Himbeeren zufügen und vorsichtig
untermengen.

In eine mit Frischhaltefolie ausgelegte tiefkühlgeeignete
Form geben. Mit Folie abdecken und mindestens
4 Stunden ins Gefrierfach stellen.

Parfait aus der Form nehmen, Folie entfernen und in
Scheiben schneiden. Mit gehackten Pistazien bestreuen
und mit Himbeeren garnieren.

Frucht-Zabaione

Für 4 Personen

■ **Zubereitungszeit**
30 Minuten
■ **Garzeit**
12 Minuten

■ **Zutaten**
4 Pfirsiche
500 g frische Erdbeeren
8 Aprikosen
250 g frische Himbeeren
5 Eigelb
4 EL Fruchtzucker
evtl. 40 ml Cognac
100 g Crème fraîche
50 g gemahlene Mandeln
3 EL Mandeln, gehobelt
Olivenöl zum Einölen

Pfirsiche kurz in kochendes Wasser legen. Haut abziehen, entsteinen und in Spalten schneiden.

Aprikosen halbieren, entsteinen und in Spalten schneiden. Erdbeeren und Himbeeren waschen, abtropfen lassen und für die Garnierung vier Stück zur Seite legen.

4 kleine Auflaufförmchen einölen und Früchte hineingeben. Wasser in einem großen Topf erhitzen.

Eigelb in eine Metallschüssel geben. 2 gestrichene Esslöffel Fruchtzucker und Cognac oder 40 ml Wasser zufügen. Metallschüssel ins Wasserbad stellen. Mit einem Schneebesen kräftig schlagen, bis eine sämige Masse entsteht Aus dem Wasserbad nehmen und Crème fraîche sowie gemahlene Mandeln unterheben.

Den Backofengrill einschalten.

Eiercreme über die Früchte geben. Mit den gehobelten Mandeln und restlichem Fruchtzucker bestreuen.

Auflaufförmchen im Backofen unter den Grill schieben und die Eiermischung stocken lassen. Noch 2–3 Minuten anbräunen lassen.

Mit je einer Himbeere garnieren und sofort servieren.

Käsekuchen

Für 4 Personen

■ **Zubereitungszeit**
15 Minuten
■ **Garzeit**
40 Minuten

■ **Zutaten**
1 unbehandelte Zitrone
3 Eier
1 Eigelb
70 g Fruchtzucker
250 g Ziegenfrischkäse
100 g Crème fraîche
50 g Naturjoghurt
1 TL Vanille-Extrakt
Olivenöl zum Einölen der Form

■ **Sauce**
200 g Himbeeren,
frisch oder tiefgekühlt
1 TL Fruchtzucker

Zitrone waschen und abtrocknen. Mit einer feinen Reibe etwas Zitronenschale abreiben und beiseite stellen.

Eier trennen. Eiweiß und Eigelb in je eine Schüssel geben. Eiweiß steif schlagen.

Eine Backform oder einzelne Auflaufförmchen mit Olivenöl leicht einölen.

Den Backofen auf 160 °C vorheizen.

In einer Rührschüssel Eigelb und Fruchtzucker mit dem Schneebesen oder Handrührgerät so lange verquirlen, bis eine cremige Masse entsteht. Ziegenfrischkäse, Crème fraîche, Joghurt, abgeriebene Zitronenschale und Vanille zufügen. Gut vermengen. Eischnee vorsichtig darunter heben.

Käsemischung in die Backform geben und 35–40 Minuten im vorgeheizten Backofen backen.

In der Zwischenzeit frische oder aufgetaute Himbeeren und Fruchtzucker mit dem Pürierstab oder im Mixer pürieren.

Heiß oder kalt mit Himbeersauce überzogen servieren.

Früchtekuchen

Für 4 Personen

■ **Zubereitungszeit**
1 Stunde

■ **Marinierzeit**
1 Stunde

■ **Garzeit**
45 Minuten

■ **Zutaten**
200 g getrocknete Feigen
200 g Trockenpflaumen, entsteint
200 g getrocknete Aprikosen
100 ml Früchtetee oder Rum
50 g ganze Haselnüsse
50 g ganze Mandeln
100 g gemahlene Mandeln
50 g gemahlene Haselnüsse
½ TL Zimt, gemahlen
250 g fettarme Crème fraîche
   (15 % Fett)
3 Eier
1 Eiweiß
Olivenöl zum Einölen der Form

Feigen, Pflaumen und Aprikosen in Stücke schneiden.

Nach Belieben marinieren: Früchte dazu 1 Stunde in Rum einlegen.

Marinierte Früchte über einem Sieb gut abtropfen lassen.

Den Backofen auf 160 °C vorheizen.

Ganze sowie gemahlene Haselnüsse und Mandeln, Zimt und Crème fraîche in eine Schüssel geben und gut verrühren.

Die Eier und das Eiweiß in einer Schüssel miteinander verquirlen und sehr schaumig rühren. Zur Nussmischung geben.

Abgetropfte marinierte bzw. unmarinierte Früchte unter die Eiermischung heben.

Eine Kastenform einölen. Teig in die Form geben, in den Backofen schieben und 45 Minuten bei 160 °C backen. Vor dem Lösen der Kuchenform abkühlen lassen.

★ Früchtekuchen kann als Dessert oder Zwischenmahlzeit gegessen werden und eignet sich auch hervorragend als Sportlerfrühstück.

Himbeer-Clafoutis

Für 4 Personen

■ **Zubereitungszeit**
15 Minuten
■ **Garzeit**
30 Minuten

■ **Zutaten**
3 Eier
125 g fettarme Crème fraîche
(15 % Fett)
3 EL Fruchtzucker
(+ etwas für die Form)
½ TL Vanille-Extrakt
evtl. 40 ml Himbeergeist
300 g Himbeeren
Olivenöl zum Einölen der Form

Den Backofen auf 180 °C vorheizen.

Eier in eine Schüssel geben und verquirlen.

Crème fraîche, Vanille-Extrakt, (Himbeergeist) und Fruchtzucker zufügen. So lange schlagen, bis eine glatte Masse entsteht.

Eine Auflaufform (20 cm Durchmesser) oder einzelne Portionsförmchen mit Olivenöl einfetten und leicht mit Fruchtzucker bestäuben.

Himbeeren hineingeben und Teig darüber verteilen.

In den Backofen schieben und 25–30 Minuten bei 180 °C backen.

Heiß oder kalt servieren.

Pfirsich-Weißwein-Kaltschale

Für 4 Personen

▶ Am Vortag zubereiten

■ **Zubereitungszeit**
15 Minuten
■ **Kühlzeit**
12 Stunden

■ **Zutaten**
4 große gelbfleischige Pfirsiche
2 große weißfleischige Pfirsiche
1 Bund frische Minze
100 ml lieblicher Weißwein
   (Monbazillac), eisgekühlt
4 TL Fruchtzucker

▶ Am Vortag Pfirsiche in kochendem Wasser blanchieren. Mit kaltem Wasser abschrecken und häuten.

Gelbe Pfirsiche bis zur Zubereitung der Kaltschale am Folgetag in einem luftdicht verschließbaren Behälter im Kühlschrank aufbewahren.

Weiße Pfirsiche halbieren, entsteinen und in Stücke schneiden.

Pfirsichstücke, Weißwein, Fruchtzucker und 12 Minzeblätter im Mixer oder mit einem Stabmixer pürieren. Pfirsichpüree in eine Schüssel geben und abgedeckt über Nacht in den Kühlschrank stellen.

Am Tag der Zubereitung, gelbe Pfirsiche halbieren, entsteinen, würfeln und in Dessertschälchen verteilen. Das am Vortag zubereitete gekühlte Pfirsichpüree darüber geben.

Mit Minzeblättern garnieren und servieren.

Aprikosenkuchen

Für 4 Personen

■ **Zubereitungszeit**
15 Minuten
■ **Garzeit**
50 Minuten

■ **Zutaten**
600 g Aprikosen
4 Eier
1 Eigelb
70 g Fruchtzucker
250 g fettarme Crème fraîche
  (15 % Fett)
Olivenöl zum Einölen der Form

Den Backofen auf 170 °C vorheizen.

Ein antihaftbeschichtetes Backblech einölen.

Zwei Drittel der Aprikosen halbieren und entsteinen.
Aprikosenhälften mit der Wölbung nach unten auf das
Backblech legen und 10 Minuten in den Backofen
schieben.

Restliche Aprikosen halbieren, entsteinen und in Stücke
schneiden. Im Mixer oder mit einem Stabmixer pürieren.

In einer Schüssel Eier und Eigelb verquirlen. Fruchtzucker,
Crème fraîche, Aprikosenpüree und den durch das Backen
entstandenen Aprikosensaft zufügen. Gut vermengen.

Eier-Mischung über die gegarten Aprikosen auf dem
Backblech geben.

In den Ofen schieben und 35–40 Minuten backen.

Um zu prüfen, ob der Kuchen gar ist, mit einem dünnen
Holzstäbchen in den Kuchen stechen. Bleibt nichts
anhaften, Kuchen aus dem Ofen nehmen und abkühlen
lassen.

Nektarinenkuchen mit Mandeln

Für 4 Personen

■ **Zubereitungszeit**
15 Minuten
■ **Garzeit**
40 Minuten

■ **Zutaten**
5 Nektarinen
5 EL Fruchtzucker
5 Eier
125 g gemahlene Mandeln
150 g Naturjoghurt
½ TL Vanille-Extrakt
40 g Mandeln, gehobelt

Den Backofen auf 170 °C vorheizen.

Nektarinen halbieren, entsteinen und in 6 Spalten schneiden.

In eine mikrowellengeeignete Auflaufform geben.
Mit 1 Esslöffel Fruchtzucker bestreuen. Vermengen und 3 Minuten in der Mikrowelle vorgaren.

In einer Schüssel die Eier verquirlen.

Gemahlene Mandeln, Joghurt, 4 Esslöffel Fruchtzucker und Vanille zufügen. Mit dem Schneebesen vermengen.

Mischung über die Nektarinen in der Auflaufform geben.
Die gehobelten Mandeln darauf verteilen. In den Backofen schieben und 40 Minuten bei 170 °C backen.

Den Grill 5 Minuten vor Ende der Garzeit einschalten, um die gehobelten Mandeln leicht anzubräunen.

Vor dem Servieren abkühlen lassen.

Rezepte nach Zutaten

Apfel
Enten-Confit mit Äpfeln   168
Frische Gurkensuppe mit Apfel   68
Hähnchen mit Apfel   156

Aprikosen
Aprikosenkuchen   248
Früchtekuchen   242
Fruchtkompott   233
Frucht-Zabaione   238

Auberginen
Auberginen-Gratin mit Speckstreifen   176
Auberginen-Omelett   192
Auberginenscheiben überbacken   170
Gefüllte Auberginen à la Provence   198
Gemüse-Gratin provenzalisch   212
Ratatouille   210

Avocado
Avocado mit Thunfischfüllung   72
Avocado-Krabben-Cremesuppe   60
Avocadosuppe   64

Beeren
Bayerische Creme mit roten Beeren   230
Frucht-Zabaione   238
Himbeer-Clafoutis   244
Schokoladen-Parfait mit Himbeeren   236

Brokkoli
Brokkolisuppe   66
Kabeljau mit Brokkoli   146

Champignons
Chili vegetarisch   204
Gefüllte Auberginen á la Provence   198
Gefüllte Champignons   172
Gourmet-Salat   97
Jakobsmuscheln mit Champignons   126
Lammkarree mit Champignons   190
Seeteufel mit Champignons in Rotwein   139
Tomaten mit Tofu-Gemüsefüllung   206

Chicorée
Chicorée mit Roquefort   74
Chicorée-Schinken-Gratin   178

Eier
Auberginen-Omelett   192
Gemüse-Tortilla mit Chorizo   194
Omelett andalusisch   196
Piperade baskischer Art   191
Tortilla mit Thunfisch   75
Zwiebelkuchen   110

Ente
Enten-Confit mit Äpfeln   168

Entenbrust
Entenbrust-Tatar   80
Feinschmecker-Salat   86
Gourmet-Salat   97

Fenchel
Hähnchen mit Pastis und Fenchel   166
Seebarsch mit Fenchel   150

Fisch
Bouillabaisse Atlantik   129
Dorade andalusische Art   138
Forelle in Weißwein   148
Kabeljau mit Brokkoli   146
Meerbarbenfilet   132
Seebarsch mit Fenchel   150
Seeteufel auf Spinat   152
Seeteufel mit Champignons in Rotwein   139

Gänseleber
Feinschmecker-Salat   86
Gänseleber mit Muskattrauben   154
Gänseleber-Terrine   78

Garnelen
Garnelen-Gratin   120
Gurkencremesuppe mit Garnelen   62
Jakobsmuschel-Timbale   116

Geflügelleber
Geflügelleber mit Ingwer   158
Geflügelleber provenzalisch   164

Grüne Bohnen
Gourmet-Salat   97
Quinoa provenzalischer Art   106

Grüne Linsen
Grüne-Linsen-Terrine   76
Schweinekotelett auf grünen Linsen   182
Tofu mit grünen Linsen   208

Huhn
Geflügelbrustfilet mit Parmesan   162
Gefüllte Champignons   172
Hähnchen mit Apfel   156
Hähnchen mit Pastis und Fenchel   166
Hühnerbrustfilet in Curry   160

Ingwer
Geflügelleber mit Ingwer   158
Thunfischfilet mit Ingwer   130

Jakobsmuscheln
Jakobsmuscheln auf Schalotten   122
Jakobsmuscheln mit Champignons   126
Jakobsmuschel-Timbale   116

Käse
Gefüllte Paprika mit Schafskäse   102
Käsekuchen   240
Käsekuchen Korsika   232
Lachs-Tatar mit Ziegenfrischkäse   136
Tomaten mit Ziegenkäsefüllung   100
Ziegenkäsecreme auf Rucola   92
Zucchini-Gratin griechischer Art   104

Kalb
Kalbsschnitzel mit Paprika   174

Krabben
Avocado-Krabben-Cremesuppe   60
Zucchini mit Krabbenfüllung   128

Lachs
Lachs in Dillmarinade   84
Lachsfilet auf Lauchbett   142
Lachsfilet mit Olivencreme   134
Lachs-Tatar mit Ziegenfrischkäse   136
Thunfisch-Lachs-Spieße   153

Lamm
Lammkarree mit Champignons   190

Langusten
Bouillabaisse Atlantik   129
Langusten auf Lauchgemüse   114
Marinierte Scampi   118

Lauch
Lachsfilet auf Lauchbett   142
Langusten auf Lauchgemüse   114
Lauch in Vinaigrette   94
Lauchquiche   108

Mozzarella
Mozzarella-Tomaten   70
Zucchini-Schnitten   98

Muscheln
Bouillabaisse Atlantik   129
Spaghetti-Salat mit Muscheln   96

Oliven
Gefüllte Auberginen à la Provence   198
Lachsfilet mit Olivencreme   134
Tapenade provenzalisch   220
Thunfisch mit Tomaten und Oliven   144

Paprika
Gefüllte Paprika mit Schafskäse   102
Kalbsschnitzel mit Paprika   174
Omelett andalusisch   196
Paprika gefüllt mit Basmatireis   200
Ratatouille   210

Pfirsich
Fruchtkompott   233
Frucht-Zabaione   238
Pfirsichpudding   224
Pfirsich-Weißwein-Kaltschale   246

Pflaumen
Früchtekuchen   242
Fruchtkompott   233
Pflaumen-Mousse   234
Schweinefilet-Spieß mit Backpflaumen   184

Quinoa
Quinoa provenzalischer Art   106
Quinoa-Taboulé   88

Rind
Entrecote in Rotwein   180
Rinderfilet auf Schalottenbett   186
Rindergeschnetzeltes rustikal   188
Tomatensauce Bolognese   216

Salatgurke
Frische Gurkensuppe mit Apfel   68
Gurke mit Sardellen   74
Gurkencremesuppe mit Garnelen   62

Schinken
Feinschmecker-Salat   86
Gefüllte Champignons   172
Piperade baskischer Art   191

Schokolade
Mousse au Chocolat   228
Schokoladenkuchen   226
Schokoladen-Parfait mit Himbeeren   236

Schwein
Schweinefilet-Spieße mit Backpflaumen   184
Schweinekotelett auf grünen Linsen   182

Spinat
Seeteufel auf Spinat   152
Spinatsalat Sevilla   87

Thunfisch
Avocado mit Thunfischfüllung   72
Thunfisch mit Tomaten und Oliven   144
Thunfischfilet mit Ingwer   130
Thunfischfilet mit Tomaten   140
Thunfisch-Lachs-Spieße   153
Thunfisch-Salat   90
Thunfisch-Tatar à l'aioli   82
Tortilla mit Thunfisch   75

Tintenfisch
Tintenfisch provenzalischer Art   124

Tofu
Tofu mit grünen Linsen   208
Tofu-Spieße   202
Tomaten mit Tofu-Gemüsefüllung   206

Tomate
Chili vegetarisch   204
Geflügelleber provenzalisch   164
Gemüse-Gratin provenzalisch   212
Meerbarbenfilet   132
Mozzarella-Tomaten   70
Omelett andalusisch   196
Piperade baskischer Art   191
Quinoa provenzalischer Art   106
Quinoa-Taboulé   88
Ratatouille   210
Thunfisch mit Tomaten und Oliven   144
Thunfischfilet mit Tomaten   140
Tomaten mit Tofu-Gemüsefüllung   206
Tomaten mit Ziegenkäsefüllung   100
Tomatensauce Bolognese   216
Tomatensauce mit Basilikum   218

Trauben
Fruchtkompott   233
Gänseleber mit Muskattrauben   154

Zucchini
Gemüse-Gratin provenzalisch   212
Zucchini mit Krabbenfüllung   128
Zucchini-Gratin griechischer Art   104
Zucchini-Schnitten   98

Bücher zur **Montignac-Methode**

Michel Montignac
Die neue Trendkost
mit glycaemic load
Essen Sie sich schlank!
Die Ernährungsrevolution des
21. Jahrhunderts. Kein Kalorien-
zählen – kein Hungergefühl –
kein JoJo-Effekt.
Für alle die genießen und
dennoch abnehmen wollen.

160 Seiten, mit zahlr. Tabellen und
Grafiken, 4-farbig
(D) € 14,80 (A) € 15,30
ISBN 978-3-930989-12-6

Michel Montignac
Die Montignac-Methode
... essen und dabei abnehmen
Eine einzigartige Hoffnung für alle,
die mit Langzeiterfolg abnehmen
wollen. Wissenschaftliche Studien
belegen, dass dies durch eine
einfache Ernährungsumstellung
nach dem glykämischen Index
möglich ist.

224 Seiten, mit zahlr. Tabellen
und Grafiken
(D) € 14,80 (A) € 15,30
ISBN 978-3-930989-11-9

Michel Montignac
Ich esse, um abzunehmen
nach dem GLYX
Die Montignac-Methode
für die Frau
Der Autor erweitert in diesem
Buch seine Ernährungsprinzipien
insbesondere auf die Bedürfnisse
der Frau.

328 Seiten, 4-farbig
(D) € 16,80 (A) € 17,30
ISBN 978-3-930989-17-1

Michel Montignac
Die Montignac-Methode
für Einsteiger
Abnehmen ohne zu hungern
Schlank & fit für immer
In diesem Buch finden Sie alle
wesentlichen Elemente der Methode
in knapper, klarer und übersichtlicher
Form. Überzeugen Sie sich von der
Wirksamkeit der Methode.

160 Seiten, mit zahlr. Tabellen
und Grafiken
(D) € 12,80 (A) € 13,20
ISBN 978-3-930989-13-3

Michel Montignac
Montignac macht Kinder schlank
Wollen Sie Ihr Kind vor Übergewicht schützen
oder beim Abnehmen unterstützen? Hier finden
Sie die Lösung! Das Extraheft begleitet Ihr Kind
bei der Ernährungsumstellung und führt mit
Tipps, Rätseln und Rezeptideen spielerisch an
eine schlanke Ernährungsweise heran.

200 Seiten, 4-farbig, mit zahlr. Tabellen und Grafiken
(D) € 19,80 (A) € 20,40
ISBN 978-3-930989-18-8

◢ **Artulen Verlag**
Jean-Luc Bucher
9, rue de la Pierre Polie
67550 Vendenheim
FRANKREICH
E-Mail: post@artulen-verlag.de

www.montignac-methode.de

Europas erfolgreichster Schlankmacher

Rezeptbücher zur Montignac-Methode

Gabriele Lehner
Satt & Schlank
Die deutsche Küche
nach der Montignac-Methode
200 wohlschmeckende Rezepte für
jeden Anlass, einfach und schnell
zubereitet, mit gängigen Zutaten.

244 Seiten, mit Farbabbildungen
(D) € 17,80 (A) € 18,30
ISBN 978-3-930989-10-2

Ria Tummers
Schlank & Schnell
Die schnelle Küche
nach der Montignac-Methode
Über 150 Rezepte, mit denen Sie im
Handumdrehen große und kleine
Menüs zusammenstellen können.
Auch Ihre Gäste werden von Ihrer
neuen »Diät« begeistert sein.
Menüplan für 6 Wochen

230 Seiten, mit Farbabbildungen
(D) € 17,80 (A) € 18,30
ISBN 978-3-930989-06-5

Michel Montignac
Kochen, essen
und dabei **abnehmen** Band 1
Ein Rezeptbuch der besonderen Art,
alle Rezepte sind auf die von Michel
Montignac begründete und nach ihm
benannte Montignac-Methode
abgestimmt.
Menüplan für 3 Monate

195 Seiten, mit Farbabbildungen
(D) € 17,80 (A) € 18,30
ISBN 978-3-930989-15-7

Michel Montignac
Kochen, essen
und dabei **abnehmen** Band 2
»Kochen, essen und dabei abnehmen
Band 1« wurde zu einem Bestseller.
Dieser zweite Band ist eine Fortsetzung
der erfolgreichen »Schlankküche«
Michel Montignacs.
Menüplan für 15 Wochen

213 Seiten, mit Farbabbildungen
(D) € 17,80 (A) € 18,30
ISBN 978-3-930989-16-4

Michel Montignac
schlanke desserts
50 Rezepte mit niedrigem
glykämischem Index
Für alle, die sich bewusst ernähren
und dabei die gesunde Küche mit
genussvollem Essen vereinen möchten.

128 Seiten, alle Rezepte bebildert
(D) € 14,90 (A) € 15,30
ISBN 978-3-930989-22-5

Michel Montignac
Familien-Rezepte
preiswert & schnell nach dem GLYX
Über 100 leckere vitalstoffreiche
Rezepte werden Ihre Familie
begeistern. Kochen Sie nach
dem neuesten Trend der
Ernährungswissenschaft.

192 Seiten, alle Rezepte bebildert
(D) € 14,80 (A) € 15,30
ISBN 978-3-930989-19-5

Michel Montignac
Montignac Rezepte und Menüs
Die feine Küche
nach der Montignac-Methode
Ein Rezeptbuch, das auf die genuss-
reiche Kochkunst Wert legt und auch
die Gesundheit mit einbezieht.
Menüplan für 3 Monate

291 Seiten, mit Farbabbildungen
(D) € 17,80 (A) € 18,30
ISBN 978-3-930989-00-3